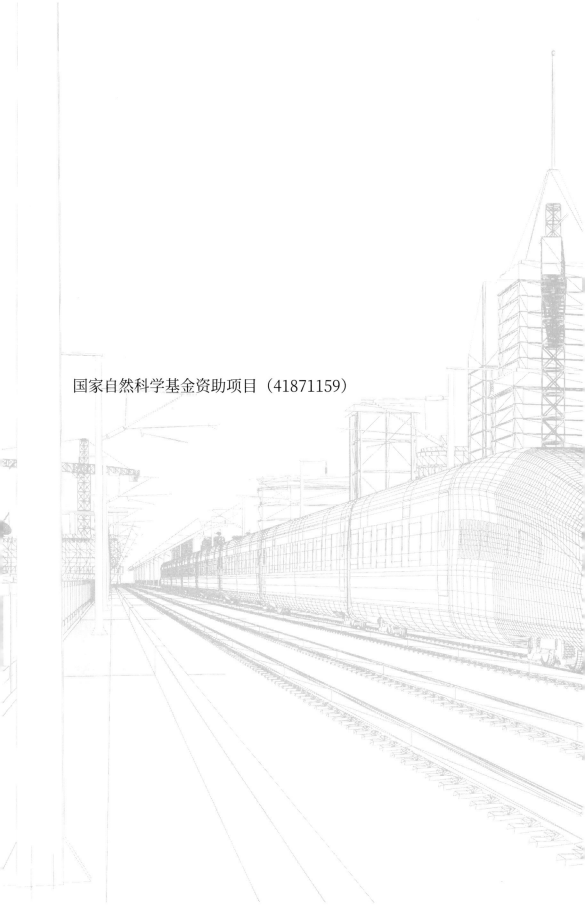

国家自然科学基金资助项目（41871159）

高速铁路的
区域空间效应研究

——河南省四网融合建设案例

孟德友 / 著

中国财经出版传媒集团

经济科学出版社
Economic Science Press

图书在版编目（CIP）数据

高速铁路的区域空间效应研究：河南省四网融合建设案例/孟德友著 . -- 北京：经济科学出版社，2022.3

ISBN 978 - 7 - 5218 - 3538 - 0

Ⅰ. ①高… Ⅱ. ①孟… Ⅲ. ①高速铁路 - 铁路运输发展 - 作用 - 区域经济发展 - 研究 - 河南 Ⅳ. ①F532.3 ②F127.61

中国版本图书馆 CIP 数据核字（2022）第 052155 号

责任编辑：袁　溦
责任校对：李　建
责任印制：王世伟

高速铁路的区域空间效应研究
——河南省四网融合建设案例
孟德友　著

经济科学出版社出版、发行　新华书店经销
社址：北京市海淀区阜成路甲 28 号　邮编：100142
总编部电话：010 - 88191217　发行部电话：010 - 88191522
网址：www. esp. com. cn
电子邮箱：esp@ esp. com. cn
天猫网店：经济科学出版社旗舰店
网址：http://jjkxcbs. tmall. com
北京季蜂印刷有限公司印装
710×1000　16 开　17 印张　210000 字
2022 年 6 月第 1 版　2022 年 6 月第 1 次印刷
ISBN 978 - 7 - 5218 - 3538 - 0　定价：78.00 元
（图书出现印装问题，本社负责调换。电话：010 - 88191510）
（版权所有　侵权必究　打击盗版　举报热线：010 - 88191661
QQ：2242791300　营销中心电话：010 - 88191537
电子邮箱：dbts@ esp. com. cn）

高速铁路是人类交通史上一次伟大的技术变革。高速铁路以其占地少、速度快、准点准时、能耗低、污染小、舒适度高等特征被广泛认为是满足出行需求的最佳交通方式。1964年，日本建成世界上第一条高速铁路——东海道新干线，拉开了世界高铁建设的帷幕，自此高速铁路在不少国家和地区得到高度重视。我国高速铁路起步晚、发展快，京津城际高速铁路通车运营标志着中国正式进入高铁时代。2020年，全国高铁运营里程突破3.79万公里，占世界高铁运营里程的69%。高速铁路已成为区域经济社会发展的重要支撑和驱动区域空间结构演化发展的重要因素，高速铁路的时空压缩效应、空间集聚效应、网络关联效应、空间结构效应和区域一体化效应对不同空间尺度的区域发展产生显著的影响。

位居中部地区的河南省是我国高速铁路建设起步较早的省份，自2010年郑西高速铁路通车运营以来，京广高速铁路、徐兰高速铁路、郑合高速铁路、郑渝高速铁路和郑太高速铁路河南段相继建成，郑济高速铁路也即将通车，米字形高速铁路网基本形成。《郑州都市圈交通一体化发展规划（2020—2035年)》和《河南省国民经济和社会发展第十四个五年规划和2035年远景目标纲要》又相继提出推动轨道交通四网融合发展，推进多层次轨道交通建设，打造轨道上的城市群和都市圈的建设目标和导向。在此背景下，以河南省为研究案例，在收集2008年和2020年河南省城市间、各城市与省外地级及以上城市间最短旅行时间及铁路客运班次等数据的基础上，采用多种计量模型对高速铁路网建设对河南省城市省内和省际可达性、站区产业发展及集聚格局、城市关联网络、区域空间结构及都市圈交通一体化等问题进行深入分析，从多个维度反映高速铁路建设对区域发展的空间影响。

高速铁路的时空压缩效应直接体现为城市间交通可达性的改善，高铁建设对河南城市可达性水平的提升产生明显影响，但由于受到各城市所处的地理位置、线路等级、建设时序和客运组织等方面的影响，整体呈现出以郑州为中心向外围地区可达性水平依次降低的分布态势。可达性的改善有益于交通成本和交易成本的降低，有益于市场范围扩大、劳动力共享、资源整合和空间溢出，有利于产业集聚发展。以郑州东站为研究范围，探讨高速铁路和高铁站的开通运营对站区服务业发展及集聚的影响发现，近十年来郑州东站区服务业企业网点的规模和密度都呈快速增长的态势。随着高速铁路的建设和铁路客运班次的增加，城市间网络交互联系的规模和联系强度都有不同程度的提升，高速铁路的网络关联效应越来越明显。郑州在全省铁路客运网络中的主导地位越来越突出，虹吸效应越来越明显。铁路客运联系的主导联系方向越来越明显，依托国家高速铁路主通道和区域连接线所形成的米字形城镇发展轴带将在未来一段时期得到快速成长。高速铁路尤其是城际铁路的建设为区域一体化和城市同城化创造有利条件，郑州都市圈在全省乃至全国的交通区位优势进一步显现，以四网融合发展为导向，打造轨道上的都市圈，有利于加快郑州都市圈一体化进程。

本书是在本人博士后研究报告的基础上深化拓展而成。在此，非常感谢我的博士后导师李小建院士对我多年的指导和对本书修改与完善的建议。感谢参与博士后报告答辩的评委老师中国科学院地理科学与资源研究所樊杰研究员、中国科学院科技政策与管理科学研究所王铮研究员、河南大学地理与环境学院秦耀辰教授、河南大学黄河文明与可持续发展研究中心苗长虹教授、山西大学历史文化学院张世满教授、洛阳师范学院梁留科教授给予的指导和宝贵建议。唐山师范学院资源管理系高超副教授对本书第三章有关资料的收集和整理给予了支持；河南财经政法大学城乡协调发展河南省协同创新中心陈层层老师参与了第四章、第六章和第八章的相关工作；本书的研究得到国家自然科学基金（项目号：41871159）等项目的资助，在此一并感谢。本书引用了不少已有的相关研究成果，如有引用不当和遗漏之处，敬请见谅。

我国目前处于高速铁路的快速稳步发展时期，这些重大基础设施同其他新型基础设施建设对我国社会经济发展和区域空间格局的影响将是深远的和持续不断的，尽管我们对此进行了密切关注和不懈的努力，但尚存诸多不足之处，相关问题的研究还需要在深度、广度和尺度上不断地深化和加强。

孟德友

2022 年 3 月于郑州

目录
CONTENTS

| 第一章 |

绪　论

第一节　研究背景

一、高速铁路正成为我国的主导交通方式之一

高速铁路是交通基础设施和交通工具的重大技术变革，也是当今世界最复杂的现代系统工程之一。日本将高速铁路定义为列车在主要区段能以 200 公里/小时及以上速度运行的铁路干线。美国联邦铁路管理局对高速铁路的官方定义是最高运营速度高于 145 公里/小时的铁路。联合国欧洲经济委员会将高速铁路的列车最高运行速度规定为客运专线 300 公里/小时，客货混线 250 公里/小时。中国铁道部将高速铁路界定为通过改造原有线路使运营速度达到 200 公里/小时以上，或者新建的运营速度达 250 公里/小时以上的铁路系统。高速铁路以其安全、快速、准时、舒

适、运输能力大、环境污染轻、节省能源和土地资源等优势受到世界各国的支持，使得铁路运输重新焕发生机并在世界范围内蓬勃发展，加速了铁路现代化的步伐，并为世界高速铁路网的形成和发展打下了良好的基础。自 1964 年日本建成世界上第一条高速铁路——东海道新干线以来，高速铁路在世界范围内先后经历了初期发展、扩大发展、迅速发展和集中发展四个阶段（林晓言，2015）。据国际铁路联盟（UIC）统计，2020 年底，全球已投入运行的高速铁路里程为 56129 公里，在建 22563 公里，规划建设 18781 公里，远景规划 33005 公里。

我国高速铁路建设起步晚，但发展较快。按照铁道部的定义，中国高速铁路分为两部分，一部分是对既有线路改造达到速度 200 公里/小时和新建速度达到 200～250 公里/小时的线路，在这部分线路上运营的时速不超过 250 公里的高速列车称为动车组（D 字头），以及按动车组模式运行的跨线 G 字头列车，同时也可执行普通客运列车及少量货运列车作业的运营；另一部分是新建时速 300～350 公里的线路，这部分线路上运营时速达到 300 公里及以上的列车称为高速动车组（G 字头和 C 字头），以及最高时速 300 公里的 D 字头车。通过这两种方式建设的高速铁路网可分为两种主要类型的线路，跨区域的高速铁路客运专线和区域内的城际铁路线。

2007 年 4 月，我国实施第六次铁路客运大提速，在京哈、京沪、京广、陇海、沪昆、胶济和广深等既有繁忙干线大量开行具有自主知识产权的速度 200～250 公里/小时的“和谐号”高速动车组列车，标志着中国铁路拉开了进入高速时代的序幕。2008 年 8 月 1 日，我国第一条具有自主知识产权的京津城际高速铁路正式运营，标志着我国正式进入高速铁路时代。2015 年，全国高速铁路运营里程达 1.9 万公里，占世界高速铁路总里程的一半以上，在建高速铁路 34 条，总里程 14806 公里。2020 年，全国高速铁路运营里程达 3.79 万公里，占世界高速铁路总里程的 69%。尤其是随着深入推进西部大开发、东北全面振兴、中部地区崛起、东部率先发展以及支持特殊类型地区加快发展等区域协调发展战略的实施，全国交通基础设施建设的重心也由东部向中西部地区转移，包括陆桥通道、沿江通道、沪昆通道和广昆通道等主要路段的建成通车，不但优化了中西部和西南地区的铁路网结构，而且大幅度缩短了中西部、西南地区与长三角和珠三角地区的时空距离。

2016 年，国家发展和改革委员会印发了《中长期铁路网规划》，规划指出，到 2025 年，铁路网规模达到 17.5 万公里，其中高速铁路 3.8 万公里；远期铁路网规划将达到 20 万公里左右，其中高速铁路 4.5 万公里左右。到 2030 年，基本实现内外互联互通、区际多路畅通、省会高铁连通、地市快速通达、县域基本覆盖。全国铁路网将连接 20 万人口以上的城市，高铁路网基本连接省会城市和其他 50 万人口以上的大中城市，形成以特大城市为中心覆盖全国、以省会城市为支点覆盖周边的高速铁路网，实现相邻大中城市间 1~4 小时交通圈，城市群内 0.5~2 小时交通圈。《中华人民共和国国民经济和社会发展第十四个五年规划和 2035 年远景目标纲要》提出建设交通强国，基本贯通"八纵八横"高速铁路，推进城市群都市圈交通一体化，加快城际铁路、市域（郊）铁路建设。高速铁路作为快速便捷的现代交通方式对提升区域交通便捷性、加快城市人口集聚、优化产业布局、支撑城市群发展等都会产生重大影响。

二、高铁将成为区域空间结构演变的重要因素

交通基础设施是区域空间结构的重要组成要素，是区域间各

种要素流动的空间载体和空间相互作用的纽带，交通方式的每一次变革都对区域空间结构演化产生重要的影响。铁路作为中长途运输中大型的客货运输工具，以其运量大、成本低和安全可靠等优点在多种交通运输方式中居主要地位。铁路作为连接地区间社会经济的纽带和载体，在很大程度上影响着区域间经济联系的强度和方向，强化区域和城市间的相互作用。

高速铁路运作为一种新兴的现代交通方式对区域经济发展的影响作用已经得到广泛认同，并在世界范围内重塑国家和区域经济地理格局，成为区域和城市空间重构的重要因素。有学者指出，我国的高速铁路正在成为改变中国区域经济布局的主要因素，应高度关注高速铁路建设对沿线地区和城市空间效应的积极作用和影响。高铁的时空压缩效应能够带动城市与区域空间形态、功能、发展模式的变革及空间格局的渐变与重塑。日本新干线的多条高速铁路构建了以东京、大阪、福田等大城市为中心，辐射 500 公里范围的高速铁路系统，形成了日本的"高铁经济带"。我国以"八纵八横"为主通道的高速铁路网，将连接环渤海、长江三角洲、粤港澳大湾区、长江中游、成渝以及中原、关中平原城市群和海峡西岸经济区等经济相对发达和人口稠密的地区，城市群地区的城际客运系统也将覆盖区域内的主要城镇。高速铁路网和城际铁路系统的建成，将使北京到全国大部分省会城市形成 8 小时交通圈、邻近省会城市形成 1~2 小时交通圈、省会城市与周边邻近地市形成 1~1.5 小时交通圈，为商品流通和人员流动节约了时间，促进了城市间经济和社会联系，有助于区域交通一体化及区域经济协调发展。

高速铁路网络建设的网络关联效应有助于强化区域间经济联系，引致城市或区域相对区位关系的变化，进而对重塑区域空间结构产生重要影响。尤其是北京、上海、广州、武汉、成都、郑州等中心城市以其优越的区位条件，发达的经济水平加上多条高速铁路的叠加汇聚，将进一步强化他们的区位条件，加剧人口和经济要素向中心城市集聚。在全国层面上，区域空间结构也开始由"点—轴"式向网络化模式演变，东部沿海发达地区的多中心、网络化特征逐步加强，尤其是粤港澳大湾区和长三角地区的网络化特征日益突出，成为全国区域空间结构演化高级阶段的典型代表，中西部地区也在高速铁路的助推下逐步融入全国主要经济轴带并初现网络化的发展态势。有学者指出，未来中国将新形成以成渝、宜万、太青、武广、石青、襄渝、成兰铁路等为依托的新生经济轴线束以及具有潜在增长能力的宝成—成昆铁路经济轴线，这些新生交通经济轴线即将成为中西部地区空间结构的主体骨架，也将是全国城市空间结构由"点—轴"式向网络化演变的重要推手。京津冀、长三角、珠三角以及中原地区等城际高速铁路系统的修建将大幅度缩短城市群内的时间成本，促使各种生产要素加快在这些地区流动，最终形成以大都市为核心，若干个大、中、小城市组成的完整经济体。

第二节　研究目的与意义

一、研究目的

自 19 世纪 80 年代初，中国自建第一条标准轨距货运铁路——唐胥铁路至今，中国铁路建设已有 140 多年的历史。100 多年来，中国铁路经历了起步发展、局部成网、网络拓展与延伸、通道提升与路网扩展、铁路客运提速、高速铁路大发展等发展阶段。铁路交通运输系统承载着地区之间人员和商品流动，在支撑国民经济和社会发展中发挥着举足轻重的作用。尤其是近20年来，是中国铁路客运提速和高速铁路建设的黄金时代，高速铁路的建设正在并将持续影响中国的区域发展格局。《中华人民共和国国民经济和社会发展第十四个五年规划和2035年远景目标纲要》指出，构建快速网和完善干线网，基本贯通"八纵八横"高速铁路，加快普速铁路建设和既有铁路电气化改造，推进城市群、都市圈交通一体化，加快城际铁路、市域（郊）铁路建设，有序推进城市轨道交通发展。以"八纵八横"为主的高速铁路以及城际高速铁路系统的大规模建设，将有效增强全国城市群之间以及城市群内部城镇间的相互联系，有助于加快形成"两横三纵"城镇化战略格局，推进城市群一体化发展，进而重塑全国区域空间结构形态。深入认识高速铁路建设的区域空间效应及区域影响已成为城市与区域规划、区域空间布局优化以及推进区域发展的内在需求。

居于中部地区的河南省是我国的人口大省、经济大省，具有承东启西、连南接北的优越地理区位，在全国经济社会发展中占据重要地位。2016年12月，《中原城市群发展规划》获国务院批复，中原城市群的范围扩大到覆盖全省并辐射周边省份邻接地市，标志着中原城市群成为继珠江三角洲、长江三角洲和京津冀城市群之后的又一国家级城市群，也昭示着河南省全域均被纳入国家区域重大战略。河南地处全国铁路网络的核心范围，"八纵八横"主通道中的京港（台）通道、京哈—京港澳通道、呼南通道、陆桥通道纵横交错贯穿全境，省内以郑太、郑济、郑合、郑渝为辐射的区域性高速铁路连接线连同石武高速铁路、徐兰高速铁路构成的米字形高速铁路网即将建成，与国家高速铁路网有机衔接，形成以郑州为中心连南贯北、承东启西四通八达的轴带发展格局，大幅度提升河南省内及与省外城市间的经济合作与交流。2021 年，河南发展和改革委员会发布《郑州都市圈交通一体化发展规划（2020～2035 年）》，规划提出，加快构建多层次多模式的轨道交通体系，统筹推进干线铁路、城际铁路、市域（郊）铁路、城市轨道交通规划建设，推动轨道交通"四网融合"发展。在此背景下，有必要探讨区际干线铁路建设对城市省内外交通便捷化及时空压缩和城市网络关联结构的影响，以及城际铁路、市域铁路及市政轨道交通发展对城市群聚合发展及郑州都市圈一体化发展的影响。

二、研究意义

（一）理论意义

全球性高速铁路建设时期已经来临，我国正处于高铁建设的稳步发展时期，高铁网的建设将会持续对我国城市和区域空间格局产生重要影响，高速铁路对区域通达性的改善有利于沿线地区资源要素的快速流动，进而改变沿线地区的产业布局、城镇发展格局及区域空间结构组织，形成高铁站经济圈、高铁新城和高速铁路产业带或城镇发展带。本书着眼于高速铁路对区域发展的宏观和中观影响分析，探讨高速铁路对区域和城市发展可能带来的空间影响，总结高速铁路对区域空间发展演变影响的规律，有助于深化和发展交通地理学及区域空间结构的相关理论，为高铁背景下探究区域空间演变规律提供借鉴。同时以期在一定程度上有助于推进交通地理学、交通经济学和城市地理学融合发展。

（二）实践意义

作为一种新型高效的交通方式，高铁不仅给人们带来出行的便利，而且对区域经济产生明显的影响，并在很大程度上作用于区域空间发展格局。深度把握高铁对区域经济和城市发展的空间影响，以充分抓住高铁对区域发展所带来的机遇，并根据实际情况对区域发展格局进行有效的规划布局，促进地方经济快速发展。充分认识高铁的社会经济效益，通过对高速铁路的社会经济影响进行测度与分析，权衡其综合影响，发展建设综合效益高的高铁项目，有利于充分释放高铁建设的经济效益。随着城市在国民经济中的主导、组织作用和在对外联系中的枢纽作用越来越突出，众多的区域问题也将有赖于城市的发展来解决，因此有必要探讨高铁对城市网络空间结构演化过程的作用及影响，有助于为区域空间格局优化调整和城市群规划布局等提供实践指导。通过对河南省高速铁路建设空间效益的综合分析与评估，有利于明确高铁背景下河南区域与城市空间结构的演化趋势及优化调整的价值取向，提出河南区域空间结构优化的思路，有助于提高城市与区域规划的前瞻性，为区域经济发展提供实践指导，也可以为其他地区发展提供参考。

第三节　研究区域与数据来源

一、研究区域概况

河南位于中国中部，界于北纬 31°23′~36°22′，东经 110°21′~

116°39′，东邻安徽、山东，北接河北、山西，西连陕西，南邻湖北，土地面积 16.7 万平方公里，占全国总面积的 1.73%①。河南省地理位置优越，是沿海地区与中西部地区的结合部，是我国经济由东向西梯次推进的中间地带。截至 2020 年，全省下辖郑州、开封、洛阳、平顶山、安阳、鹤壁、新乡、焦作、濮阳、许昌、漯河、三门峡、南阳、商丘、信阳、周口、驻马店等 17 个省辖市，1 个省直管县级市，21 个县级市和 83 个县②。根据第七次全国人口普查结果，截至 2020 年 11 月 1 日零时，河南省全省常住人口 9936.55 万人，其中，城镇常住人口 5507.86 万人，乡村常住人口 4428.70 万人，城镇化率为 55.43%③。

河南是全国重要的经济大省，2020 年，全省实现地区生产总值 54997.07 亿元，比上年增长 1.3%；其中，第一产业增加值 5353.74 亿元，增长 2.2%；第二产业增加值 22875.33 亿元，增长 0.7%；第三产业增加值为 26768.01 亿元，增长 1.6%。三次产业结构为 9.7∶41.6∶48.7，第三产业增加值占生产总值的比重比上年稍有提高。全年财政总收入 6267.39 亿元，比上年增长 1.3%。全年全省固定资产投资比上年增长 4.3%，其中，基础设施投资增长 2.2%④。

河南是全国重要的交通强省，拥有铁路、公路和航空相结合的综合交通运输体系，形成了纵横交错、四通八达的铁路、公路交通网络，省会城市郑州是全国承东启西、连南贯北的重要交通枢纽。2020 年，全省铁路营业里程 6134 公里，其中，高速铁路 1998 公里，高速公路通车里程 7100 公里。2020 年，全省货物运

---

① 资料来源：《河南经济统计年鉴 1990》。
② 资料来源：《河南统计年鉴 2021》。
③ 资料来源：《河南省第七次全国人口普查公报（第六号）——城乡人口和流动情况》。
④ 资料来源：《2020 年河南省国民经济和社会发展统计公报》。

输总量 21.91 亿吨，比上年增长 0.4%。货物运输周转量 8690.52 亿吨公里，比上年增长 1.3%。2020 年，全省旅客运输量总量 5.89 亿人次，旅客运输周转量 1074.96 亿人公里①。

二、数据来源说明

自 20 世纪 90 年代以来，我国高速铁路发展经历了试验准备阶段、铁路客运提速阶段、过渡发展阶段和高速铁路大发展阶段。2008 年，京津城际铁路开通运营标志着中国进入高速铁路大发展时代。基于前述的发展背景，选择以 2008 年为研究的时间起点，以 2008 年和 2020 年为研究的时间断面。书中所采用的社会经济数据主要来源于全国及河南省相关年份的统计年鉴、相关年份的国民经济和社会发展公报。所采用的城市铁路旅行时间、城市铁路客运班次数据分别来源于相应年份的列车时刻表，其中 2008 年数据来源于石开网络科技有限公司推出的 2008 年石开旅行时刻表，数据更新时间为 2008 年 10 月 14 日；2020 年数据来源于盛名时刻表，数据更新时间为 2020 年 9 月 1 日。

三、主要研究方法

以人文—经济地理学的理论和方法为基础，综合运用城市地理学和城市经济学等相关学科的理论和方法，主要包括文献查询综述法、地理信息系统（GIS）空间分析法、社会网络分析法等，力求对主要问题的探讨做到定性与定量相结合。

---

① 资料来源：《河南统计年鉴 2021》。

(一) 文献查询综述法

利用网络信息平台和相关图书资料库，搜集、整理与梳理近些年来有关于高速铁路空间效应的国内外研究文献，摸清研究现状，掌握研究方法，把握研究进展和研究趋势，分析已有研究存在的问题和不足之处，为本书的开展提供基础理论和资料，确定研究的切入点，构建研究框架和总体思路。

(二) GIS 空间分析法

GIS 是在计算机硬软件系统的支撑下，对空间数据进行采集、存储、检索、分析与应用的计算机系统。空间分析是地理信息系统技术的主要功能之一，通过空间分析可以发现空间数据中的重要信息和规律。地理信息技术的空间分析功能为交通系统可达性、区域与城市空间结构研究提供了有力的技术支撑和工具。例如，空间关联网络的构建、要素流动分析、空间自相关等都需要借助于地理信息技术的空间分析方法。

(三) 社会网络分析法

社会网络分析是一种结构主义视角下的量化方法，主要涉及社会学、政治学、经济学及管理学，并在社会科学领域逐渐普及起来。它以复杂系统实体间的相互关系构建关联网络，利用统计物理学分析网络结构及动力学特征，主要指标包括网络密度、节点中心度等。近几年来，社会网络分析方法逐步渗透到地理学研究中，并在城市关联网络、人口迁移网络、旅游联系网络、区域创新网络、企业网络等方面得到广泛的应用。本书采用社会网络分析方法，在 Ucinet6.0 软件支持下对河南城市的省内外联系网络进行定量分析。

第四节　研究思路与主要内容

一、研究思路

以提出问题、理论总结、实证研究和解决问题为总体思路，遵循背景分析—理论总结—实证研究—策略分析的逻辑体系，在对国内外研究进行梳理和总结的基础上，指出现有研究的不足，提出本书的研究视角和切入点。以河南省为研究区域，面向河南省高速铁路、城际铁路、市域（郊）铁路及市政轨道交通"四网融合"发展的宏观背景，在广泛开展数据收集和整理的基础上，采用定性与定量分析相结合的方法对高速铁路建设的时空压缩效应、空间集聚效应、网络关联效应、空间结构效应和区域一体化效应进行实证分析，总结提炼高速铁路建设引导下河南区域空间结构发展演变的特征及郑州都市圈发展演变趋势，提出关于河南区域空间结构优化、轨道上的郑州都市圈及交通一体化建设的建议和对策，研究思路和技术路线见图 1 - 1。

二、主要内容

以交通地理学、经济地理学和城市地理学的主要理论为基础，通过将理论分析和实证研究相结合，对河南高速铁路网构建的多维空间效应进行分析，主要研究内容包括以下几个部分：

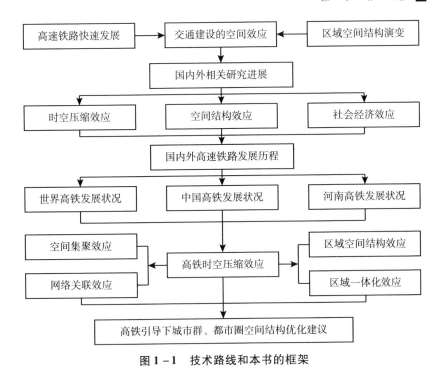

图 1-1 技术路线和本书的框架

(一) 研究背景、意义和研究进展

重点阐述研究背景、研究目的和研究意义，简要介绍研究区域、研究方法和全书的数据来源，研究的思路、技术路线和主要内容等。

(二) 国内外相关研究进展与评述

从高速铁路的时空压缩影响、空间结构效应和社会经济发展效应三个方面对国内外相关研究文献进行回顾和梳理，从研究区域、研究内容、研究方法和研究视角等方面进行评述，指出现有研究的贡献和不足，提出本书的切入点和研究思路。

（三）高速铁路发展历程及现状

在介绍世界高速铁路发展历程和发展概况的基础上，对世界上高速铁路发展较早的日本、德国、法国和西班牙等国高速铁路建设和运营状况进行介绍；在系统介绍我国高速铁路网规划发展过程的基础上，系统阐述了我国高速铁路的发展阶段、建设现状并对河南省高速铁路规划和建设状况进行陈述。

（四）高铁建设时空压缩效应

采用可达性的相关指标，在获取全省城市、各城市与省外城市在2008年和2020年的最短旅行时间的基础上，对河南城市的省内、省际及与全国城市群间的时间可达性分别进行测算和比较分析。指出了高铁引导下城市省内、省际及与城市群城市间可达性的改善状况，以刻画高速铁路建成运营对河南省城市及河南省对外交通往来的时空压缩效应。

（五）高铁建设的空间集聚效应

在对产业空间集聚的内涵及影响因素阐述的基础上，指出高速铁路建设通过市场结构效应、劳动力市场共享效应、生产要素整合效应以及空间溢出效应等作用于区域产业集聚。以郑州东站为例实证解析了高铁开通运营对高铁站区产业空间集聚的影响。

（六）高铁建设的网络关联效应

采用社会网络分析方法对河南城市与省内外城市间及与城市群间联系网络进行可视化表达，分析了城市网络的节点中心性和网络结构特征。高速铁路建设助推了河南城市网络关联度的提升，同时也推动省际铁路客运网络与城市群联系网络的不断增强，有利于地区间要素流动和产业集聚发展。

（七）高铁建设的空间结构效应

通过前述对河南省米字形高速铁路建设下的城市可达性及城市区位状况的分析，指出了高速铁路建设对各城市省内、省际区位优势的影响，总结了高速铁路引导下河南区域空间结构的特征及演化趋势。针对河南区域空间结构的发展演变趋势，提出了未来空间结构的优化思路及建议。

（八）高铁建设的区域一体化效应

高速铁路建设对支撑区域经济一体化发挥着积极的作用。在对郑州都市圈规划建设历程和郑州都市圈发展现状简要分析的基础上，详细介绍和评判了郑州都市圈轨道交通的发展现状及其交通便捷性，指出了郑州都市圈轨道交通发展存在的问题，面向打造轨道上的郑州都市圈的建设目标，提出了郑州都市圈轨道交通四网融合发展的建议。

（九）结论和展望

在对本书的研究内容进行归纳和总结的基础上，指出本书研究存在的不足并提出今后要努力和深化的方向。

| 第二章 |

国内外相关研究进展与述评

高速铁路是人类交通史上一次伟大的技术变革。高速铁路以其占地少、速度快、能耗低、污染小、准点准时、舒适度高等特征被广泛认为是满足人们出行需求的最佳交通方式。1964 年，日本建成世界上第一条高速铁路——东京至大阪的东海道新干线，拉开了世界高铁建设的帷幕，得到不少国家和地区的高度重视，目前世界上已有中国、西班牙、日本、德国、法国等 20 多个国家和地区建成运营高速铁路。高速铁路对区域发展的影响逐步显现，也推动相关研究推陈出新，已有研究多集中于高速铁路对区域交通可达性、区域空间结构以及社会经济影响等，接下来，从高速铁路的时空压缩效应、空间结构效应和社会经济效应三个维度加以综评。

第一节 高速铁路建设的时空压缩效应

1959 年，汉森（Hansen）首次使用了可达性的概念，将其定义为交通网络中各节点相互作用机会的大小，并利用重力分析方法研究了可达性与城市土地利用之间的关系。20 世纪六七十年代以后，可达性逐渐成为交通地理、城市规划以及区域经济等领域的学者们关注的热点，但对可达性的定义尚未有统一的表述。一般认为，可达性是通过某种特定的交通工具，从某一给定区位到达指定地点的便捷程度。从研究对象来看，可达性研究包括城市公共服务设施可达性与区域交通可达性两个方面（蒋海兵等，2013）。其中，对交通基础设施的可达性研究主要有公路、高速公路、航空、铁路、高速铁路以及过江越海通道的可达性等。高速铁路最直接的影响就是缩短城市间的旅行时间，提升城市间的可达性水平。国内外学者已从国家间、国内、区域或城市群、地方等多个空间尺度对高速铁路的可达性展开了论述。高铁可达性可依次被定义为高铁站点城市的内部可达性和城市外部可达性，高铁站点城市的内部可达性指个人通过城市交通网络在特定时间内抵达特定高铁站的能力，其反映的是高铁站在城市交通系统中的地位；高铁站城市的外部可达性指个人通过高铁网络在特定时间内抵达特定高铁站的能力，其反映的是高铁站或城市在整个高铁系统中的地位。高铁的城市外部可达性是当前关注的热点论题。

一、高速铁路与可达性改善

（一）跨国尺度

研究主要集中在欧洲高速铁路对区域便捷性及差异的影响等方面，认为高速铁路的发展极大地缩短了城市间的旅行时间（Gutiérrez et al.，1996），导致区域差异的扩大、形成明显的核心边缘结构（Vickerman，1997）；科托－米兰（Coto－Millán）等（2007）分析了欧盟范围内高铁发展后欧洲中部城市的网络可达性变化；20 世纪 90 年代以来，国外学者关于高铁对区域可达性影响的研究主要表现在泛欧高铁网络及马德里—巴塞罗那—法国边境高铁对欧洲各地区可达性的影响（Gutiérrez，2001；Martin et al.，2004）；日本兴建新干线引起可达性变化对区域经济、人口扩散、城镇体系的影响（Murayama，1994；Sasaki et al.，1997）；韩国高速列车（KTX）及首尔—釜山高铁的开通对首都可达性变化的影响（Kim，2000）。马颖忆等（2015）和程（Cheng）等（2015）从可达性和空间联系两个方面探讨了泛亚高铁建设对中国西南边疆地区与中南半岛空间联系的影响以及欧洲和中国高铁建设对区域一体化的影响；金凤君等（2016）以东亚高速铁路网络为研究对象，采用日常可达性、加权平均旅行时间等指标对比分析中国、日本和韩国现状及规划高速铁路的时空收敛效应以及对城市交通圈的影响，探讨了东亚高速铁路网络演化模式及影响因素。曹小曙等（2015）基于 GIS 空间分析技术研究了丝绸之路经济带可达性空间格局，并依托陆路交通网络进行了城市空间联系状态模拟。

（二）全国尺度

在国家尺度上，关注了其他城市到首都城市（Kim，2000；Chen，2012）、区域中心城市或者所有城市间最短旅行时间的变化，评价高速铁路网建设引起可达性格局演变的过程。针对日本新干线大幅度缩短了京滨、中京和阪神城市间的空间距离，极大地促进了相互间人员、资本、技术、信息的流动，促进了新干线沿线区域的经济快速增长，佐佐木等（Sasaki et al.，1997）开展了日本新干线所引起的可达性变化及其对区域经济和人口扩散作用的影响研究；金（Kim，2000）研究韩国首尔—釜山高铁建设带来的首都地区可达性变化和空间重构。国内孟德友等（2011）、钟少颖等（2013）、冯长春等（2013）采用平均旅行时间或加权平均旅行时间对高铁时代中国省际可达性及其空间格局进行了研究；蒋海兵等（2015）基于 GIS 网络分析测度了 2020 年规划高铁通车前后全国陆路可达性的空间格局与变化，高铁有利于提高全国陆路可达性的整体水平与交通网络的运输效率，优化陆路交通网络，增强跨区域中心城市间的联系，扩大中心城市的辐射范围，沿线重要城市人口覆盖范围急剧增长；钟业喜等（2015）以平均可达性为指标，测算了全国省会城市的可达性并对省会城市一日交流圈的范围及空间格局变化进行了探讨；姜博等（2016）基于时间、经济与重心视角利用可达性模型结合 GIS 空间分析手段探究了高铁通车前后沿线城市可达性的动态变化，并综合利用变异系数、层级分析法和改进的哈夫（Huff）模型分析了高铁可达性空间演变特征及规律；还有学者探讨了其他城市到首都、区域中心城市或者所有城市间最短旅行时间的变化，评价高速铁路网络建设对可达性的影响（Cao et al.，2013；Chen，2012；Jiao et al.，2014）。在国家尺度范围内，学者通常把研究对象集中于高铁对全国范围内城市可达性影响分析，高铁网络发展引起可达性格局演变的过程等，研究表明高铁极大地缩短旅行时间，普遍改善全国城市通达性，日常可达性整体大幅度优化，外围地带城市通达性也会显著提高。

（三）区域尺度

区域尺度上多采用 GIS 技术和网络分析法比较有无高铁及铁路提速前后区域可达性变化，且多把目光集中在高铁沿线城市可达性（Gutiérrez，2001），乌雷尼亚（Ureňa）等（2009）从国家、区域和地方三个尺度上综合研究了高铁对大中城市可达性的影响，在国家和区域水平上考察大、中等城市到达中心大都市区的可达性，在地方水平上则把大、中等城市本身作为地区的中心考察可达性的变化。国内学者对城市群地区、高速铁路沿线地区给予了密切关注。在城市群层面上，汪德根等（2015）利用成本加权栅格法分析了非高铁与高铁条件下长三角地区五大都市圈的最短旅行时间可达性和一日交流圈等时圈格局变化，高铁的时空压缩效应使长三角地区更多城市进入一日交流圈，实现了跨城当日流动，形成高铁的"同城效应"；陶卓霖等（2016）采用加权平均出行时间，经济潜力和到上海出行时间三种可达性指标评估了高速铁路对长三角地区陆路可达性的影响，并进一步将可达性与经济发展水平格局进行比较，讨论了高速铁路引起的可达性变化对区域经济发展格局的可能影响；郝宁（2014）对比分析了有无高速铁路两种情形下京津冀地区等时圈变化、加权旅行时间的变化、区域优势潜力值的变化以及通过场强模型得出京津冀地区的腹地格局的变化。在高速铁路沿线地区，姜博等（2014）利用可达性模型测度了哈大高铁通车前后沿线城市的可达性及空间格局演变；蒋海兵等（2010）创造性地运用网络分析和栅格加权集成法生成高铁通车后的城市等时圈图，利用日常可达性、潜力可达性与加权平均时间等指标对比分析了有无京沪高铁情景下京沪地区城市可达性空间格局的变化；罗鹏飞等（2004）采用有效评价旅行时间、经济潜力和日常可达性三个指标以沪宁地区为例探讨了高速铁路影响下沿线地区可达性的变化；何丹等（2013）以皖北地区为研究区域利用日常可达性、加权平均时间等指标分析了有无高铁情景下皖北地区的可达性空间格局变化；戴学珍等（2016）研究指出京沪高铁开通提高了沿线城市，尤其是站点城市的可达性效率，增强了高铁沿线的"廊道效应"。区域尺度上，学者多采用 GIS 方法比较有无高铁及铁路提速前后的区域可达性变化，且多把目光投放到高铁沿线城市、研究对象到达区域中心城市可达性等。

（四） 地方尺度

杨金华等（2014）采用多个指标比较分析了高速铁路的发展对湖南城市群 8 城市城际间可达性的影响；顾九春等（2016）利用日常可达性、加权平均时间等指标比较了有无渤海海峡跨海通道两种情况下区域可达性空间格局的变化。高安刚等（2014）以广西壮族自治区柳南客运专线及沿海高速铁路主要沿线城市为研究对象，选取 2012 年和 2015 年两个年份，研究了六个城市在高速铁路开通前后的交通可达性及经济联系格局变动情况。焦华富等（2016）利用加权旅行时间、经济潜力模型、吸引力模型和反距离加权插值法测度了宁安高铁开通前后沿线地区可达性的时空变化。吴旗韬等（2015）采用矢量—栅格集成法，分析了厦深高铁开通前后广东省东部区域可达性变化程度即空间分析，探讨了高铁对研究区域不同尺度发展的影响。高铁对可达性的影响与区域可达性的初始水平及高铁网络的分布密切相关，可达性最优的地区往往集中在区域的中心地区，但可达性提升幅度较高的地区主要在外围，高铁的空间效应具有不均衡分布的特征，但随着高铁网络的完善，区域可达性水平越来越均衡。

二、高铁与城市空间经济联系

交通是城市间人口、物质、信息、资本等要素流动的载体，高速铁路的快速发展将在很大程度上改变区域间的传统联系方式，进而影响区域间空间相互作用的强度和方向。高速铁路建设

在不同空间尺度上增强城市之间的经济联系强度。王娇娥等
（2014）对全国地级及以上城市在无高铁、高铁现状和规划高铁
三种情境下城市经济联系总量和城市对联系强度空间分布特征的
分析表明城市空间相互作用呈现明显的地带性和廊道效应，反映
了高铁在重塑城市空间结构中的作用，高铁建设提升了城市对外
联系总量，且逐渐从追求效率转向公平性，高铁建设缩小了全国
城市对外联系总量的差异，但却扩大了城市间经济联系强度的差
异，三大城市群成为城市对外联系总量绝对获益最大的地区。孟
德友等（2011）从可达性和空间经济联系两个方面探讨了徐兰、
京广客运专线建设前后河南省高铁沿线城市的省内可达性和空间
经济联系的变化情况，以及全国高速铁路网络的构建对河南沿线
城市的省际可达性和空间经济联系的影响。关伟等（2016）以辽
宁省14个地级市为研究对象，以可达性和经济联系强度两个指
标测度了辽宁省境内高速铁路建成及通车前后的2012年与2020
年辽宁省各地级市省内、区内可达性以及省内、区内经济联系强
度的变化情况。刘强等（2019）通过可达性、修正引力模型等指
标分析了兰新高铁开通前后各城市旅游交通格局变化特征，兰新
高铁开通明显提高了沿线城市的可达性，促进了城市群间生产要
素、知识信息的流动，区域经济辐射半径扩大，将更有效地吸纳
生产要素，促进经济发展。陈建军等（2014）通过对长江三角洲
空间联系格局演化的影响进行分析指出，高铁网络增强了整个长
江三角洲的联系强度，促进生产要素自由流动和城市的协同发
展，高铁交通流量分布更加均衡，区域正由单功能中心向多功能
中心转变。高铁网络建设有利于加强城市间的旅游经济联系。郭
建科等（2016）通过修正引力模型，从时空压缩效应、高铁旅游
带的形成、旅游通勤圈空间分异、旅游极化效应等方面分析了高
铁对东北城市间旅游经济联系的影响。黄泰等（2014）利用哈夫

服务力模型研究了高铁对长三角城市旅游服务力格局的影响。穆成林等（2015）利用引力模型综合测度了长三角城市间的旅游经济联系强度、总量和方向，识别了高铁网络下长三角旅游经济联系空间格局。

第二节 高铁建设的区域空间结构效应

高铁的时空压缩效应创造了更多的交通区位优势，大幅度地提高了区域陆路交通网络的整体效率，扩大了中心城市对其他地区的影响力，影响人口与经济活动的空间分布进而重构城市与区域空间结构（蒋海兵等，2015）。高速铁路通过改变城市间的旅行时间、连接性和联系强度影响经济发展和城镇化格局。中国处于快速城镇化和工业化时期，区域空间结构处于不断的发展演变和优化调整中，作为拥有世界上最大规模的运营和规划高铁网络的国家，高速铁路的发展对区域空间的影响不可估量。关于高速铁路建设空间结构效应的研究，姜博等（2016）将国内高铁对城市与区域空间影响的研究划分为萌芽阶段、快速发展阶段和向成熟推进阶段，每个阶段所关注的主要议题和内容也各有特点。徐银凤等（2018）将1999年以来国内高铁城市空间影响研究分为探索阶段、快速发展阶段和稳定发展阶段，并把高铁的空间结构效应分为对区域城市空间结构和城市内部空间结构的影响两个方面。

从空间尺度的视角来看，高铁对区域的影响可分为站区、城市和区域三个层面，王兰等（2011）、王丽等（2012）从高铁站区、城市和区域三个层面构建了高铁对城市空间影响的研究框架。在高铁站区层面应着重研究土地利用、开发强度和房地产价格以及产业的集聚与扩散等。在城市层面上应着重关注城市产业扩展与人口增长，高速铁路与现状建成区之间的关系、高速铁路与其他交通设施之间的联系、高速铁路站点周边地区功能与城市整体功能和规模之间的关系；在城市层面，高铁影响体现在是否选择设站、建设时机、车站位置的选择、车站与城市交通系统的配合、线路实体的处理几个方面（王缉宪，2011）。在区域层面高速铁路通过提高区域可达性而改变城市对外部投资者、旅游者和人才的吸引力，应分析人口流动、产业转移以及区域城镇体系一体化联动效应等。在区域层面，高铁最大的影响在于改变各城市在一个特定区域内的连接度和可达性。高铁助推下的区域可达性变化将对城市空间格局产生深刻影响，高速铁路的"可达性效应""廊道效应"推动区域城镇发展轴带的形成以及中心城市的壮大，并对城市势力范围进行重新划分，促进区域空间格局演变。

一、高铁建设与站区空间开发

高铁站点大多为新建场站，远离城市中心，城市外围高铁站的建设不仅可以缓解城市交通中心的人流输送压力，而且能够形成新的增长空间，促进站点周边地区的发展（索超等，2015），在站区层面应着重关注高铁对土地利用、开发强度、房地产价格以及产业的集聚影响，其中，产业布局和土地利用是站区空间结构研究的主要论题。

（一）站区空间开发模式

林辰辉（2011）指出，高铁站逐渐从运送旅客的功能性载体

转变为城市发展的新型空间，高铁枢纽可通过不断改善周边要素
及其之间的能量传递，形成一种城市发展的联动反应从而为高铁
站区带来显著的开发机遇。高铁对站点区域影响的研究主要包括
圈层式开发的理论和实证研究，以及以新城市主义理论为基础的
开发设计。波尔（Pol，2002）等结合高铁站区开发的案例研究，
提出了"三个发展区"圈层结构模型，其中，核心枢纽区（服
务半径 800 米以内），布置交通枢纽、商业、办公设施等；扩散
影响区（服务半径约 1500 米），是居住和公共服务用地混合功能
区；影响区（服务半径 1500 米以外区域），是对外服务功能区，
主要分布在所在城区。贝托里尼（Bertolini，1999）提出了"节
点—场所"橄榄球模型，主要研究站区如何在运输的节点功能与
城市场所功能之间取得平衡。高铁站场大多位于城市建成区外
围，附近丰富的土地资源储备为城市空间拓展和高铁新城建设提
供了基底条件，国内学者认为高铁对站区空间开发的影响主要体
现在土地利用性质、开发强度和布局模式上，高铁站区对商务、
办公等服务业具有较强的吸引力，对工业的影响不明显，商务办
公以及居住等新的城市功能区域的规划建设使站区周边商业服务
设施用地和居住用地增多，辅以公共管理和公共服务用地、绿化
和公共设施用地，多样化的商业综合开发对站区土地开发具有较
好的影响；高铁站区周围易形成紧凑型的圈层式土地利用布局，
适应型站点周边地区多呈高强度高密度开发的集中布局模式，引
导型站点周边地区多呈低强度低密度开发的分散布局模式。

（二）高铁站区产业空间分异

高铁站的空间集聚效应在于高铁站作为城市对外开放的大
门，促进城市内高铁站地区与其他地区的一体化以及高铁连接的
城市之间的一体化（Garmendia et al.，2008），高铁会提升或强

化原有城市的区位优势，从而吸引各种经济要素的集聚。日本新干线营运后，1985 年与 1960 年相比设站城市的人口增长速度比没有设站点的城市高出 22%，批发、零售、工业以及建筑业的增长比没设站点的城市高出 16% ~ 34%（Amano et al.，1990；Brotchie，1991）。里尔高铁站凭借区位优势，吸引了城市特定功能的集聚，规划了商务办公、会展和商业等设施，提升了里尔在区域中的竞争力（殷铭等，2013）。王丽等（2012）运用空间分析方法，探讨了南京高铁站区产业的分布与空间集聚特征，高铁站区产业空间分布具有明显的圈层结构。

（三）高铁站区土地与房地产价格

高铁带来土地利用性质、开发强度和土地区位的变化进而会推动高铁沿线及站点周边地区土地价值上涨，高铁站点的高密度发展区域半径小于 300 米，中密度发展区域半径为 300 ~ 800 米，低密度发展区域半径为 800 ~ 1500 米，离站点距离越远，土地级差收益也逐渐变小；房地产价格是高铁对土地经济价值影响的标尺，当然高铁对于不同的房地产类型影响程度是不同的，对商业、办公用地的增值影响更为显著，对工业用地价值的提升幅度较小。何宁等（1998），刘金玲等（2004），李凌岚等（2007）研究了轨道交通如何改变站点周边地区的土地使用、产业类型和房地产价格，主要集中在交通系统对站点周边地区（约 400 ~ 4800 米）范围内的土地使用和房地产价格的影响研究。而杨秀云等（2019）的研究认为高铁站的数量和等级也会对房价产生影响，拥有多个高铁站或高等级高铁站才会对房价产生明显影响，仅一个高铁站或低等级高铁站对房价影响不明显。

二、高铁建设与城市空间拓展

与国外偏重于高铁带来的城镇化动力和新经济增长机会研究不同，国内学者侧重高铁站点布局对城市整体空间结构的影响（王兰，2011）、高铁的时空收敛效应（王娇娥，2011）以及高铁对城市发展的影响（徐玉萍，2011）。卢燕等（2016）认为高铁对站点城市的影响分为直接和间接影响，直接影响是高铁站场及其设施建设对城市空间结构的影响和配套服务设施建设对城市产业结构的影响；间接影响是指高铁带来的时空压缩，以及客流结构变化产生的生产要素流动作用，对城市产业结构和空间结构的影响，并以武汉为例透视高铁经济的空间结构效应和产业结构效应，空间上呈现出中心城区较强，外围城区较弱的总体态势；产业上以促进第三产业发展为主，有利于推动现代服务业和高新技术产业等部门的优化发展。

（一）高铁站选址对城市空间格局影响

依据高铁站与城市中心的距离可分为城市中心地区型、边缘地区型和机场地区型（王丽等，2012），从长远看，边缘地区型能引导城市的发展方向，短期内高铁站点的偏远布局导致高铁全程旅行时间的畸形分配，市内交通旅行时间占全程旅行时间的比重在一定程度上反映旅客对高铁的满意度，高铁站的规划建设及与公共交通的接驳对充分释放高铁的时空压缩效应具有重要意义。高铁带来的主要是城际旅行时间的缩减，高铁站点远离城区加上不少大中城市内部交通拥堵等原因导致高铁在城际间的时空压缩效应被城市内部交通以及换乘时间所抵消，高铁产生的时空压缩与城市内部交通的堵塞产生极大矛盾，使高铁时间节约效用大打折扣，城市内部交通的高耗时使高铁产生的远距离位移的时间节约效用被抵消，进一步彰显高铁换乘系统的完善程度和城市内部可达性的重要性（李胜全等，2011）。王缉宪等（2011）采用高铁站到市中心的距离、连接高铁站市内各交通方式的综合连接度、主要交通连接方式到城市主要地区的可达性三个指标对市内可达性进行了衡量。王春等（2015）指出高铁站区应完善与城市轨道交通、常规公交、小汽车等市内交通体系的无缝衔接，通过建设便捷的换乘系统实现与高铁站的高效接驳，实现"最后一公里"效应（牛玉等，2016）。

（二）对城市拓展和土地开发的助推作用

开发区或郊区新城建设是中国当前快速城镇化进程的主要空间特征，高铁站点选择和线路走向通常位于城市边缘地带，高铁站周边地区往往是待开发的片区，拥有丰富的土地资源储备，在很大程度上契合了城镇拓展的空间导向。高铁站附近丰富的土地资源为城市空间拓展和高铁新城建设提供基本条件，京沪高铁沿途站点均被定位为综合交通枢纽，一半高铁站位于城市外围，形成新的高铁功能区或高铁新城，承担城市空间拓展的功能（王兰，2011）；尤其是长三角地区不少城市出台了高铁新城规划且功能定位较高，包括城市副中心、城市门户、功能示范区、功能区和功能平台等；有研究指出，高铁新城建设促进了新城房地产开发并推动了城市快速郊区化，南京高铁站建设期间周边 10 公里范围内的房价均有明显提升，越靠近站点地区提升幅度越明显（于涛等，2012）。

（三）有利于城市多中心空间结构的形成

在中国等级化的行政体制和城镇体系格局下，大城市通过行政手段可使高铁站选址和线路走向尽可能符合本城市空间发展的实际，主动利用高铁促进郊区化的发展，随着高铁枢纽设施的不断完善，高铁新城必将成为城市转型升级的新增长点，有利于城市空间结构从"单中心"向"多中心"演变（于涛等，2012）。国内学者于涛等（2012）认为随着高铁设施的完善，高铁新城成为城市升级的新增长点并有助于城市多中心空间结构的形成，从而避免城市的无序蔓延和低效率开发，最终提升城市的空间品质，高铁对城市郊区化有明显的良性驱动作用。林琳等（2011）指出高铁站、深水港、地铁等重大交通设施和轨道交通设施在更大范围内的合理布局和建设促使广州城市"多中心、网络状"空间结构的形成。

三、高铁建设与区域空间结构

（一）"同城效应"显现

"同城效应"主要表现为中心城市对周边城市的辐射和扩散作用（徐长乐等，2011），相邻城市间居民借助发达的高铁交通实现了就业、出行和生活如同在一个城市。高铁的时空压缩效应极大地缩短了城市居民出行的时间，促使城市间人流、物流、信息流、资金流和商务流等要素在空间内流动加快，同城化效应日趋明显（王缉宪等，2011）。高铁使城市群内部各城市间距离普遍缩短到1小时以内，出现了"1小时"交通圈，武广高铁使珠三角、长株潭和武汉三个城市群均进入"1小时"旅游圈，中心城市广州、长沙和武汉出现"同城效应"（梁雪松，2010）。京津城际高速铁路使工作在北京、居住在天津的职住双城生活成为新的城市生活模式，同城效应进一步显现（吴康等，2013）。

（二）促进高铁经济带形成

高速铁路对城市空间结构的影响主要表现为三个方面：有利于沿线带状节点式地域的发展；有利于城市之间加速形成大城市连绵带；有利于减小地域间的贫富差距（孙婷，2008）。乌雷尼亚等（Ureña et al.，2009）从国家、区域和地方三个不同的视角，研究了高铁对城市发展的影响；布鲁姆等（Blum et al.，1997）认为高铁把区域内多个城市和地区连接在一起，改善区域内节点城市间的可达性，并提出高铁在一定程度上把连接在一起的城市带转变为一个扩张的功能区域，并从近、中、远期分析了这个经济带的整体性。国内学者也密切关注了高铁对城市及城市群空间结构的影响。杨维凤等（2010）认为京沪高铁将进一步夯实北京和上海铁路运输的中心地位，加强东部发展轴线的形成，提升京津冀和长三角城市群的地位，拉动山东半岛城市群对外辐射能力，加强长三角城市群地域整合，扩大京津冀都市圈的直接影响范围，形成诸多次级增长极。焦敬娟等（2016）基于中国铁路客运班列数据，采用加权度中心性和社区结构模型，探讨高速铁路建设对城市等级和集聚性空间格局及演化的影响。王姣娥等（2011）利用可达性方法研究了中国高铁网络的布局和规划及对中国城市空间结构重组的潜在影响。罗鹏飞等（2004），苏文俊等（2009）对京沪高铁的研究认为京沪高铁不仅拉近沪宁沿线各站点城市间及与其他城市的时空距离，而且从根本上改变了既有铁路能力不足造成的客运"瓶颈"，促进京沪交通经济带网络化地域结构的形成。张博野等（2014）对武汉城市圈高铁、城际铁路和地铁"轴—辐"式交通组织的空间效应分析指出，高铁促进武汉城市群与其他城市群间的联系，催生高铁新城。陆军等（2013）提出高铁经济区的概念，并以北京、上海、广州、武汉和重庆为高铁经济区的基准点，制定基于高铁的中国多中心地图，模拟了各高铁经济区内城市通达基准点的时间，对中长期铁路网建成前后时间距离的变化及高铁经济区的格局特征进行了分析。

（三）促进区域空间结构网络化发展

高铁通过对交通便捷性的提升和资源流动性的提升而变革传统的城市空间格局，重组现有城市与区域空间结构，网络化、扁平化的城市空间结构形态逐步显现，区域空间结构将由"核心—边缘"的封闭模式逐渐向"多核—扁平"的均衡模式转变，城市空间结构由单中心区域传统模式逐渐向多中心网络城市开放模式转变（卢毅等，2013）。方大春等（2014）认为高铁网引领中国全面进入高铁时代，高铁沿线城市从区域中心城市转变为节点城市，资源要素从区域中心集聚转向高铁沿线集聚，区域空间结构从非均衡单中心向均衡化多中心格局转变，快速交通体系通过时空压缩逐渐改变传统的空间关系，区域空间不再是地方空间而是流动空间，以长江三角洲城市群核心城市为样本，运用社会网络分析方法从网络密度、中心性和凝聚子群角度分析了高铁时代长三角城市群空间结构演变特征（方大春等，2015）。接栋正（2016）认为高铁网络推动区域城市网络体系不断重构，交通区位改变带来了发展机遇，各城市将会选择时空距离更近的城市融合发展，而不是单纯地选择其行政隶属的上级城市，高铁沿线的大中城市、中小县市和非沿线的城市在区域城市网络中的地位将发生重大改变，区域城市网络体系将发生演变和重构，并以杭州都市圈为例进行实证分析。

第三节　高铁的区域社会经济发展效应

除高铁建设投资产生的直接经济效益（投资拉动、就业带动、旁侧效应等）外，高铁建设能为沿线城市带来人口与产业的增长，增强沿线城市的集聚力，加快沿线城市城镇化进程。这里主要从高铁建设对人口集聚、产业集聚和区域经济发展等方面进行总结，相关研究表明高铁建设将进一步加剧人口和产业的集聚，带动沿线经济发展。

一、高铁建设与人口集聚

高速铁路对人口空间分布影响是呈现为更加集聚在站点地区还是向沿线地区扩散成为一个讨论的焦点，不同的研究所得结论不一。布罗奇（Brotchie，1991）以日本东海道新干线为例研究表明，在高铁建成后的 10 年内，高铁布线城市人口出现了明显的增长，有新干线车站的城市比没有新干线车站的城市人口增长率平均高出 22%；中村（Nakamura et al.，1989）利用统计方法分析在高铁服务的地区，高速公路的通过与否对人口增长呈现出两种极端不同的影响；佐佐木等（Sasaki et al.，1997）在对高铁影响人口的研究中先作出了一个假设，即日本新干线对经济活动和人口在空间上有驱散作用，构建了一个供应导向的区域经济模型来验证这个假设，发现密集的新干线网络不会导致区域扩散，高铁运营的后续效应体现在随着人口集聚，沿线城市间资金、技术等其他生产要素流动加快，使得布点城市的商贸、金融、房地产等服务业获得较快发展，这些产业的发展是城镇化的主要推动力。佐佐木等（1997）以模型构建方式得出新干线的发展与经济发展存在正相关关系，日本东海道、山阳新干线的国内生产总值（GDP）与客流量呈线性关系，新干线的建设在某种程度上引导了城市发达区域的人口和经济活动向周围地区扩散。魏文刚（2014）认为郑西高铁的开通有助于加强旅游客流和就业人口在郑州和西安两地及沿线地区间的流动。

二、高铁建设与产业集聚

（一）有利于第三产业发展

高铁与区域产业发展方面，广田（Hirota，1985）发现有新干线车站城市比没有设站的城市在零售业、工业、建筑及批发、旅游业等方面增长迅速，增长率高出 16% ~ 34%，终点站博多市的旅馆房间数量比新干线开通前翻了一番，同时沿线许多城市的游客数量大增。在法国高铁（TGV）的发展经验中，有 72% 的第三产业公司经常利用高铁往来于里昂地区与巴黎，其中以属于公司决策核心的研究、顾问服务、管理技术服务的活动出行为主；杰拉德·马修（Gerard Mathieu，1993）评价了法国高铁对沿线经济发展的影响，高铁开通后，里尔由原来的传统工业城市发展成为一个以旅游和办公为主的城市。胡天军等（1999）和肖雁飞等（2013）指出武广高铁开通对湖南生产性服务业发展水平贡献明显，并且随着高铁开通时间的延长，贡献不断增加；加快沿线城市间资金、技术等生产要素的流动，零售业、商贸、金融等服务业能够获得较快发展（Ryan，1999；Immergluck，2009），旅游业也增长迅速（王欣等，2010；梁雪松，2010；Wang，

2012；汪德根，2013）；姚如青（2010）在对沪杭高铁的研究中，重点就高铁对城东新城旅游、运输业、商贸业、房地产业和总部经济等产业的影响进行了分析；于秋阳等（2014）通过灰色关联度和引力测度，讨论了高速铁路建设对西安旅游业发展的重要影响；张书明（2011）认为高速铁路开通缩短了旅游客源地和目的地之间的时空距离，拉近了旅游者的心理距离，扩大了旅游目的地的吸引力的空间范围和旅客的出游半径，使传统的客源市场格局发生变化，实现旅游客源市场的重组；王欣等（2010）指出高速铁路给中国旅游业发展与布局带来的影响包括市场空间的放大与变形、更大范围内的全面竞争、节点效应、断点效应与空格点效应，巨型中心城市崛起，结构调整与重新定位，跨越时间门槛等。

（二）有利于产业升级和空间集聚

高铁可达性的提升有利于增进人力、技术和资金等生产要素在沿线城市间的合理流动，企业网络和产业链开始从中心城市向中小城市延伸，产业转移和区域分工与合作得到拓展，进而区域产业结构得到优化，有助于沿线地区产业结构转型（胡天军等，1999）。有学者指出，郑西高铁开通后沿线城市产业结构有不断升级的趋势；另外，高铁有助于带动沿线城市房地产市场繁荣，使房地产价格上升，高铁不但加快了沿线片区房地产市场的成熟发展，还会加速片区房地产价值重组（Hess，2007）。覃成林等研究发现高速铁路通过增强城市间经济联系而对生产性服务业集聚起促进作用，生产性服务业空间格局呈局部集聚和全局分散的状态，其中，对旅游业空间格局影响尤为突出，高铁开通扩大了旅游目的地的吸引范围和旅客的出游半径，扩大了客源市场半径，使辐射范围更广，传统的客源市场格局发生变化。

三、高铁与区域经济发展

高铁与城市经济发展方面，大部分学者注重高铁对区域内核心大城市与边缘中小城市发展的不同影响，是促进区域极化发展还是平衡发展，一直是争论的焦点问题（宋文杰等，2015）。

（一）高铁助推区域经济极化发展

不少研究认为高速铁路发展加剧了区域经济发展的不平衡，而不是促进区域经济增长趋同。佐佐木等（1997）发现日本新干线的扩张在某种程度上导致区域经济差异更加明显，高速铁路的建设并不能缓解过度集聚的问题，高速铁路本身就是基于发达城市或区域而建，即使偏远地区建设高速铁路也更多地提高了发达地区的可达性。法国 TGV 联结巴黎和里昂，里昂经济快速增长，而沿线另两个小城市较少有高铁相关经济活动产生（Banister，2001）。普加（Puga，2002）通过模型推导认为，假设市场准入和劳动力流动源于交通成本降低，区域将产生集聚效应和极化发展，并表明有非正式信息显示，位于里昂的公司总部有向巴黎迁移的迹象。普加（2002）认为高速铁路网络将强化原来的经济核心，并使这些核心成为高铁网络的中心节点，小节点和中间节点不太可能成为新的经济活动中心。覃成林等（2014）认为高速铁路发展对全国铁路沿线城市的经济增长 β 趋同有阻碍作用；对东、中、西和东北四大区域铁路沿线城市经济增长趋同的影响存在差异，高速铁路建成后对地级和副省级以上城市的 β 趋同有明显的阻碍作用。

（二）高铁有利于区域均衡发展

有学者实证分析发现日本新干线沿线不论大小城市都有显著的人口和就业增长（Sands，1993）；陈（Chen，2011）等对英国两条高铁沿线城市的经验分析也表明高铁引导沿线大中小城市共同快速增长。陈等（Chen et al.，2012）从宏观角度研究了高铁对区域经济地理格局的时空效应，指出高铁影响下的劳动力、技术、资本等资源要素的优化配置有利于带动就业增长，促进地区之间的均衡发展，为旅游业发展奠定基础。宋文杰等（2015）指出我国高铁建设对不同规模城市的影响差异较大，高铁促进了大城市第三产业的空间极化，但第二产业有大城市与中小城市分工合作、均衡发展的趋势；高铁还促进了相邻大城市间的同城化效应，巨型城市周围的中小城市获得了扩散作用的有益影响。来逢波等（2016）认为高速铁路通过加速生产要素流动来对区域经济总量产生影响，主要是资本要素、人力资本要素和信息要素。张楠楠等（2005）认为高铁使不同区域的核心城市连接更加紧密，促进经济、产业、人员和技术的互动，有助于减小地区间的经济发展差异。张汉斌（2011）认为高速铁路提升了要素、资源的流动性，扩大了市场半径，有利于区域经济更加一体化、缩小区域差距。赵国庆（2010，2013）则强调高铁路网规模快速扩张，提升不同地区尤其是边远内陆不发达地区的铁路覆盖能力，为实现共同进步奠定了必要的区域交通设施基础，高速铁路在促进区域发展、缩小区域差异方面作用突出。

第四节　研究评述与启示

一、相关研究评述

国外的高铁建设起步较早，相关研究已经相对成熟，在研究目的、尺度、方法、对象与主体等方面，尤其值得国内借鉴。与国内如火如荼的高铁建设相比，针对高铁空间经济效应的理论与实践研究则相对滞后，在研究内容、方法及空间尺度的选择等方面较为单一，侧重于描述性的定性研究，针对高铁带来的机遇和挑战认识不足，空间尺度的选择较为单一，多从可达性的角度分析高铁对站点、城市以及区域的影响，缺乏系统分析高铁对于区域经济发展影响机制的框架（丁嵩等，2014）。

（一）研究区域方面

现有研究大多集中在宏观尺度，如跨国、国家、省域和城市群或经济区，对中微观地方尺度的研究尚不多。相关研究虽然涉及了多维空间尺度，包括站点、区域、国家内部以及考虑到边界效应的国际尺度等空间尺度，在站点地区探讨站点的区位布局、站点地区的土地利用类型以及站点对于所在城市层级的影响；站点城市间是否有利于扩大都市区的范围与促进区域经济一体化；国家层面研究其对空间公平及效率两个目标的权衡；国际尺度，跨国高铁对于边境及地缘经济区的影响等。但关于高铁在国际（Vickerman，1997）、国家（Urena et al.，2006）、区域（Blum et al.，1997；Sasaki et al.，1997）和地方（Urena et al.，2006；Garmendia et al.，2008）尺度的影响的研究更多关注某一空间层面，较少有多元尺度的综合研究，事实上高铁在特定地区的活动往往涉及与多个空间层次范围的关系，多元时空视角的研究越来越得到有关学者的倡导（Urena et al.，2009），以便更好地理解高铁带来的区域影响。

（二）研究内容方面

近年来研究热点主要集中于可达性变化、空间结构效应和区域经济效应等方面，实证研究和定量研究得到普遍重视，利用对比分析、回归分析和空间分析对高铁和城市空间的影响进行实证分析和定量研究。早期主要从高铁的经济效应方面研究高铁对城市空间的影响，并从时空距离变化的角度解释其引起的地理空间变化，将经济空间用抽象的时空距离来衡量；后期开始从不同空间尺度层次的经济、地理和交通运输等角度切入。随着高铁对区域和城市空间影响的加强，研究领域不断扩大，纷纷从不同空间层次的经济、地理、交通、政策研究、规划设计等角度切入。国外学者在微观层面侧重高铁对房地产价值与土地利用的影响，注重交通需求的形成和如何用交通来引导土地利用；在中观层面集中于对可达性格局的研究，分析可达性变化带来的地区分工合作以及势力范围的重新分割，对沿线城市的影响主要在产业、人口及城镇体系方面。国内研究相对零散且宏观，集中在对高铁经济带及沿线城镇体系的影响，在对象上主要集中在京沪高铁、武广高铁、京津城际等已开通的高铁线路，多采用统计数据进行预测性研究。

（三）研究方法方面

方法上逐渐从定性向定量转变，在经济效益分析、可达性研究、不同交通方式的竞争等方面较为明显，此外，还注重对区域和城市发展模式的归纳，力图从已有的开发建设经验中总结一般化的理论与方法。既利用传统分析方法又注意吸收新的理论和方法，传统方法包括建立可达性指标并结合 GIS 空间分析功能分析可达性变化，指标上有加权平均旅行时间、日常可达性和经济潜力等。加权平均旅行时间侧重于从时间或成本节约的角度来衡量区域可达性水平，能直观地表现可达性水平及变化。日常可达性指某经济中心在特定时间内可到达的人口或经济活动规模。经济潜力指数常用于解释在特定时间成本约束下，某地区可到达距离范围内所覆盖的经济活动总量。技术上主要借助 GIS 的空间分析功能，主要有网络分析和栅格分析两种思路，网络分析在确定每个节点可达性的基础上采用空间插值法得到区域可达性，不足是空间插值得到的结果与实际误差较大，栅格分析运用最短路径法计算每个网格到某个目的地网格的最短加权成本距离。蒋海兵等（2010）将网络分析和栅格成本法加权集成比较分析了京沪地区中心城市的可达性空间格局，提高了计算结果的精确度。在新理论与新方法方面，主要借鉴新经济地理学的有关交通成本及空间集聚之间的非线性关系，将高铁带来的运输成本节约内生于模型之中，构建计量模型进行分析。评价高铁空间经济效应的方法和模型主要有成本－收益评估方法、新经济地理学理论、可达性方法、可计算一般均衡模型、Logit 离散选择模型等。

二、几点启示

（一）在区域范围上强化对多空间尺度多类型区域的比较

学者对高铁可达性等相关问题的研究多以实证分析为主，不少学者把研究的区域范围集中在全国、高速铁路发展较快的京沪沿线、哈大沿线、京津、长三角地区等，对中西部地区、东北地区、国家级城市群乃至跨国空间范围的实证研究相对较少。立足国家宏观战略导向，强化对"一带一路"沿线、长江经济带、国家级城市群以及中西部欠发达沿线地区等宏观、中观和微观尺度多类型典型地区的综合研究。"一带一路"倡议下，欧亚高铁、泛亚高铁以及中亚高铁将中国与欧洲、东南亚和中东国家相连，缩短了国家间的时空间距离，目前关于洲际高铁对洲际区域空间格局的研究较少，主要研究探讨了高铁的地缘空间战略、外交属性、区域经济合作和国家利益与安全等方面（郭学堂，2016；黄宇等，2017），要及时关注洲际高铁对洲际区域空间格局的影响，并对洲际区域的高铁效应展开深入研究。强化对国家级城市的比较研究，包括除三大城市群之外的辽中南、山东半岛、长江中游、中原、关中等城市群区域，比较分析高铁对不同区域影响的主要特征和作用机理。

（二）在内容上强化高铁区域影响的多尺度综合研究

目前多数关于高速铁路空间影响的研究传统是专注于一个空间层次，或是站点地区、或城市之间、或区域层面，已有研究多集中在宏观层面，对中微观层面探讨较少，缺少多尺度多层面的综合分析。而事实上，应该立足某个空间基点，同时考虑高速铁路对区域内外、多个不同层次区域的影响，区域是一个开放的系统，对高铁可达性及经济联系的研究，除了立足研究区域本身探讨区域内部城市间可达性及经济联系的特征之外，还要关注对象区域内部与外部其他地区间的相互联系特征。由此我们认为高铁区域影响的多尺度综合应该关注三个层次的内容：第一层次应该关注高铁与研究区域内部的相互影响与反馈，从城市空间拓展、城市形态、城市功能、城市活力和出行性等维度，对高铁站区进行深入系统的研究；第二层次应该关注研究对象节点集合与其他区域节点集合间的相互关系和相互影响；第三个层次应该关注研究对象节点集合与国家层面节点集合群组的相互关系和相互影响。姜博等（2016）也指出应该在国外研究的基础上从宏观、中观、微观三维尺度构建高铁对城市与区域空间影响的理论体系：在微观尺度上关注站点空间布局、交通区位变化、产业集聚与扩散、土地利用变化、房地产开发、城市中心转移及城市形态演变；在中观尺度上关注城际空间模式的构建、跨城流动强度及分布格局、城际功能联系及出行行为特征；在宏观尺度上关注高铁对城市与区域影响的格局、过程和作用机理等为高速铁路的区域空间效应研究提出总的思路和设想。

（三）在基础理论上强化高铁区域影响的机理机制研究

从已有研究来看，学者们虽从不同尺度范围上关注了高速铁路建设在压缩时空间距离、强化区域经济联系、推进城市或区域联系的网络化发展以及区域城市空间结构的扁平化和网络化发展等方面，但现有研究还是多关注于对相关现象的描述与刻画，对高速铁路网构建对城市空间结构及区域经济发展的影响机理的研讨尚不深入。在站区层面上有待进一步探讨高铁对站区产业空间形成、土地开发强度和房地产价格的影响机制；在城市层面上，有待进一步深化对高铁新城的形成与发展、高铁对不同规模城市人口集聚与城市化进程的影响、高铁对城市结构形态的重构等机理机制的研究；在区域层面上有待把高速铁路网构建对城市与区域空间结构、人口流动、产业集聚、产业转移、区域协调发展等多方面的影响纳入统一的分析框架，探寻其作用的过程和机理机制。通过研究高铁对不同尺度下空间开发与结构优化、区域一体化、区域不平衡发展等重大问题的影响特征、发展过程及作用机理的研究，提出有针对性的政策建议。

三、本书的基本思路

基于此，通过地理信息和社会经济数据库的构建、空间分析和社会网络分析的综合应用，追踪河南米字形高铁网的建设进程，面向河南省轨道交通"四网融合"发展的规划建设导向，探讨高速铁路建设的时空压缩效应、产业集聚效应、网络关联效应、空间结构效应和区域一体化效应，探寻高铁对区域影响的规律和作用机理，为区域交通建设和区域发展实践提供理论参考。

| 第三章 |

高速铁路建设及发展状况

第一节　世界高速铁路发展概况

一、高速铁路

高速铁路可追溯至 20 世纪初，德国、法国、日本较早开展了有关高速列车的理论研究和试验工作。1903 年 10 月 27 日，德国用电动车首创了试验速度达 210 公里/小时的历史纪录。1955 年 3 月 28 日，法国用二台电力机车牵引三辆客车试验速度达到了 331 公里/小时。日本在吸取并利用德国、法国的高速列车试验经验的同时，结合自身实力，于 1964 年建成了世界上第一条高速铁路——日本东海道新干线，全长 515.4 公里，运行最高速度 210 公里/小时①。

1970 年，日本在 71 号法律《全国新干线铁道整备法》规定，列车在主要区间以 200 公里/小时以上速度运行的干线铁道称为高速铁路②，这是世界上第一个以法律形式明确的高速铁路定义。1985 年，联合国欧洲经济委员会在日内瓦签署的欧洲国际铁路干线协议中规定，新建客运列车专用型高速铁路时速为 300 公里以上，新建客货运列车混用型高速铁路时速为 250 公里。1996 年，欧盟委员会在《全欧高速铁路系统互通性的 1996 年 7 月 23 日理事会指令 96/48/EC96/48 号指令》对高速铁路的定义是，在新建高速专用线上运行时速至少达到 250 公里的铁路，或在旧线改造时速达到 200 公里的铁路，可称作高速铁路③。国际铁路联盟（UIC）认为，各国可根据具体国情确定本国高速铁路概念，运行速度达到 250 公里/小时的新建专线或速度达到 200 公里/小时的既有线路，均可称为高速铁路。

二、世界高速铁路发展阶段

自 1964 年日本建成世界上第一条高速铁路——东海道新干线，世界高速铁路发展距今已有 50 多年的历史，尤其是进入 21 世纪以来，世界高速铁路建设又进入一个快速发展时期。50 多年来世界高速铁路大致经历了四个发展阶段，或称四次建设浪潮（见表 3－1）：1964～1990 年的第一次建设浪潮，80 年代末至 90

---

① 资料来源：顿小红．从世界高速铁路发展看我国高速铁路建设［J］．现代商贸工业，2007，19（6）：22－23．
② 资料来源：刘伯鸿，李国宁，张友鹏．轨道交通运输自动控制导论［M］．兰州：兰州大学出版社，2008．
③ 资料来源：张书明．高速铁路对沿线区域经济的影响分析与评估研究［D］．天津：天津大学博士学位论文，2011．

年代初期的第二次建设浪潮，90年代中期至20世纪末的第三次建设浪潮，21世纪以来至今的第四次建设浪潮（张学良等，2010）。

表3-1   世界高铁建设的四次浪潮

时期	建设年代	参与国家或地区	建设项目（个）	里程（公里）
第一次浪潮	1964～1990年	日本、法国、德国、意大利	9	3198
第二次浪潮	20世纪80年代末～90年代初期	法国、德国、意大利、西班牙、荷兰、比利时等	8	1426
第三次浪潮	20世纪90年代中期～20世纪末	法国、德国、意大利、西班牙、中国台湾、澳大利亚、韩国、英国、荷兰等	13	3509
第四次浪潮	21世纪以来至今	欧盟、中国、美国等		10000以上

资料来源：①顿小红. 从世界高速铁路发展看我国高速铁路建设［J］. 现代商贸工业，2007，19（6）：22-23. ②张学良，聂清凯. 高速铁路建设与中国区域经济一体化发展［J］. 现代城市研究，2010（6）：7-10.

（一）第一次建设浪潮

20世纪60年代～80年代末是世界高速铁路的初期发展阶段，建设源于日本开通的东海道新干线，从东海道新干线开始，高速铁路在工务工程、高速列车、牵引供电以及通信信号等领域都对传统铁路进行了重大革新。但是初期高速铁路发展尚处于探索阶段，没有既有的经验可借鉴，需要反复的论证和试验，而且从高速铁路成效显现到加快发展高速铁路形成共识需要一定的过程，因此高速铁路发展缓慢。从60年代中期到70年代中期，全世界只有日本先后于1964年和1975年建成了东海道新干线和山阳新干线，总里程 1069 公里。从 80 年代初到 80 年代末，建设并投入运营的高速铁路开始增多，有日本东北新干线和上越新干线，法国东南 TGV 线、大西洋 TGV 线、意大利罗马—佛罗伦萨线以及德国汉诺威—维尔茨堡线，高铁线路里程达 3198 公里。这一时期，世界上经济和技术最发达的日本、法国、意大利和德国推动了世界高速铁路的第一次建设高潮，日本东海道新干线和法国 TGV 东南线在技术、商业、财政以及政治上都获得了极大的成功①。

（二）第二次建设浪潮

20 世纪 80 年代末～90 年代初期为高速铁路的扩大发展期。高速铁路建设在日本和法国所取得的成就影响了很多国家。80 年代末，世界不少国家对高速铁路的关注和研究酝酿了第二次建设高潮。涉及的国家有法国、德国、意大利、西班牙、比利时、荷兰、瑞典和英国等，尤其是日本、法国等对发展高速铁路进行了全面规划。日本根据 1987 年的计划，将再修建东北新干线、北陆新干线、九州新干线、北海道新干线等，总长达到 1440 公里。1986 年，意大利政府批准了交通运输发展规划纲要，准备修建横连东西（都灵—米兰—威尼斯）、纵贯南北（米兰—佛罗伦萨—罗马—那不勒斯）1230 公里的"T"型高速铁路网。法国于 1992 年公布了建设全国高速铁路网的规划，未来 20 年高速铁路网将由 4700 公里新线构成，新线建造费用预计达 1800 亿法郎。1991 年 4 月，德国联邦政府批准了联邦铁路公司改建、新建高速铁路 2000 公里的计划。1991 年，瑞典开通了 X2000 摆式列车。

①　资料来源：铁道部经济规划研究院. 世界高速铁路发展趋势［J］. 铁道经济研究，2006（1）：35－41.

1991 年，欧洲议会批准了泛欧高速铁路网规划，提出在各国边境地区实施 15 个关键项目，并选定了 9 个优先建设的工程项目：包括（1）高速铁路南北贯通线（德国—意大利）；（2）连接欧洲五国首都的高速铁路线；（3）高速铁路南方线（西班牙—法国）；（4）高速铁路东部连接线（法国—德国）；（5）高速/普速铁路综合运输线（法国—意大利）；（6）既有铁路连接线（英伦三岛）；（7）丹麦—瑞典固定连接线；（8）北欧三角地带；（9）英国西海岸干线。1992 年，西班牙引进法、德两国技术建成了长471 公里的马德里—塞维利亚高速铁路。1994 年，英吉利海峡隧道把法国与英国连接在一起，开创了第一条高速铁路国际连接线。1997 年，巴黎开出的"欧洲之星"将法国、比利时、荷兰和德国连接在一起①。

（三）第三次建设浪潮

20 世纪 90 年代中期～20 世纪末为高速铁路的迅速发展期。这次浪潮涉及亚洲、北美、大洋洲以及整个欧洲，形成了铁路的一场复兴运动。自 1992 年以来，俄罗斯、韩国、澳大利亚、英国、荷兰等国家和地区均先后开始了高速铁路新线建设。据不完全统计，为配合欧洲高速铁路网建设，东部和中部欧洲的捷克、匈牙利、波兰、奥地利、希腊以及罗马尼亚等国家进行了干线铁路改造全面提速。修建高铁新线的国家和地区达到 12 个，修建新线总长 3509 公里②。除了以上这些已经开工建设的项目，对高速铁路开展前期研究工作的国家还有土耳其、中国、美国、加拿大、印度、捷克等。大多数国家在高速铁路新线建设的初期即拟

---

①② 资料来源：铁道部经济规划研究院. 世界高速铁路发展趋势 ［J］. 铁道经济研究，2006（1）：35－41.

订了修建高速铁路的全国规划，1991 年，欧洲议会批准了泛欧高速铁路网规划，1994 年，欧洲铁盟通过了在 2020 年建成泛欧高速铁路网的规划。虽然建设高速铁路所需资金巨大，但从社会效益、能源节约、治理环境污染等方面分析，修建高速铁路对整个社会具有很好的效益，这一点得到各国政府的共识。高速铁路促进地区之间的交往和平衡发展，欧洲国家已将建设高速铁路列为一项政治任务，各国呼吁在建设中携手打破边界的束缚，高速铁路从国家公益投资转向多种融资方式筹集建设资金，高速铁路的技术创新正在向相关领域辐射和发展。

（四） 第四次建设浪潮

高速铁路建设的集中发展时期始于 21 世纪初，中国高速铁路的发展成为这一时期全世界关注的焦点。21 世纪初，中国掌握了高速铁路自主创新技术的研发和生产，高速铁路技术获得突飞猛进的发展，不仅在国内高速铁路迅速成网，而且已经开始通过技术输出在国际高速铁路市场占有一席之地。2015 年，中国铁路营业里程达 12.1 万公里，其中，高速铁路超过 1.9 万公里，占世界高铁运营里程的 60% 以上；截止到 2020 年，中国高速铁路运营里程达 3.8 万公里，约占世界高速铁路总里程的 69%，中国成为世界上高速铁路发展最快、规模最大的国家①。

三、世界高速铁路发展现状

目前，世界上已经有中国、西班牙、日本、德国、法国、瑞典、英国、意大利、俄罗斯、土耳其、韩国、比利时、荷兰、瑞

---

① 资料来源：《2021 中国统计年鉴》。

士等 20 个国家和地区建成运营高速铁路。截至 2020 年底，境外其他国家和地区高速铁路总运营里程达 2.7 万多公里，其中，运营时速达 250 公里及以上的高速铁路的国家和地区有 15 个，运营总里程约 1.29 万公里。境外其他国家和地区在建高速铁路里程达 7000 公里，其中，欧洲占 31.9%，亚洲占 57.5%，北美洲占 10.6%。境外正在规划建设高速铁路的国家和地区有 20 多个，规划建设高速铁路总里程达 9500 多公里，其中欧洲占 49.5%，亚洲占 24.0%，其他地区占 26.5%。与发达国家相比，我国高速铁路发展起步虽晚，但发展最快（见表 3 - 2）。

表 3 - 2　　　　　2020 年世界主要国家高速铁路运营里程　　　　单位：公里

国家	运营里程	国家	运营里程
中国	38283	芬兰	1120
西班牙	3487	意大利	921
日本	3041	韩国	893
法国	2735	瑞典	860
德国	1571	美国	735

资料来源：国际铁路联盟（UIC）网站，https：//uic.org/passenger/highspeed/article/high - speed - database - maps.

四、主要国家高速铁路发展状况

（一）西班牙 AVE

1987 年，西班牙正式动工建设首都马德里到塞维利亚的高速铁路，1991 年底建成，1992 年 4 月随塞维利亚世博会开幕而通车。这条高速铁路连接首都马德里和塞维利亚，长度 471 公里，

运行最高速度 270 公里/小时，主要开行 AVE 高速列车（速度
300 公里/小时）和 TALGO200 摆式列车（速度 160~200 公里/
小时）以及少量 140 公里/小时的货物列车。1996 年，西班牙政
府开始建设从马德里至巴塞罗那的高速铁路，全长 651 公里，目
标是建成行驶时速 350 公里的高速线路，这条铁路于 2003 年 10
月 11 日开始运营，同时还规划修建以马德里为中心的辐射状高
速新线和连接葡萄牙的高速新线。截止到 2020 年，西班牙开通
运营高速铁路 3487 公里，在建高速铁路 1135 公里，规划高速铁
路 943 公里，是仅次于中国的全球开通运营高速铁路规模第二大
国家，上述高速铁路全部投入运营后，西班牙高铁总里程将超过
5500 公里，领跑欧洲各国（见表 3-3）。目前，西班牙高速铁路
平均速度 222 公里/小时，高于日本（218 公里/小时）和法国
（216 公里/小时），每日发车逾 300 次，每日最高运送旅客约 10
万人，每年运送旅客约 2400 万人。

表 3-3　　　　　　　西班牙开通运营高速铁路情况

开通路段	最高速度 （公里/小时）	通车时间 （年）	线路里程 （公里）
马德里—塞维利亚	270	1992	471
马德里—莱里达	300	2003	467
萨拉戈萨—韦斯卡	200	2003	79
马德里—拉沙格拉—托莱多	220	2005	21
科尔多瓦—安特克拉—圣安娜	300	2006	111
莱里达—塔拉戈纳	300	2006	96
马德里—塞戈维亚—奥尔梅多—巴利亚多 利德	300	2007	178
安特克拉—圣安娜—马拉加	300	2007	58

开通路段	最高速度 （公里/小时）	通车时间 （年）	线路里程 （公里）
塔拉戈纳—巴塞罗那	300	2008	100
马德里支线	200	2009	5
圣地亚哥—拉科鲁尼亚	250	2009	61
马德里—德贝拉斯科—瓦伦西亚	300	2010	362
菲格拉斯—法国边界	300	2010	20
奥伦塞—圣地亚哥	300	2011	85
耶莱斯支线	200	2012	6
巴塞罗那—菲格拉斯	300	2013	131
阿尔巴塞特—阿利坎特	300	2013	165
圣地亚哥—威戈	200	2015	95
塞维利亚—加的斯	250	2015	153
巴利亚多利德—莱昂	300	2015	166
奥尔梅多—萨莫拉	300	2015	99
瓦伦西亚—凡德洛斯	220	2019	219
安特克拉—圣安娜—格拉纳达	250	2019	109
凡德洛斯—塔拉戈纳	200	2020	47
萨莫拉—佩德拉尔瓦	300	2020	110

资料来源：①JeanPierre CHarlanne. 2006 年的世界高速铁路［J］. 机车电传动，2007（1）：1-4。②国际铁路联盟（UIC）网站，https：//uic. org/passenger/highspeed/article/high - speed - database - maps。

（二）日本新干线

新干线是贯通日本的高铁系统，1959 年，日本开始修建东海道新干线，1964 年 10 月，东京奥运会前夕新干线通车运营，连结东京与新大阪之间的东海道新干线，全长 515. 4 公里，运营速度 210 公里/小时。这条专门用于客运的电气化双线、标准轨距铁路，代表了当时世界一流高速铁路技术水平，是全世界第一条投入商业运营的高速铁路系统，标志着世界高速铁路由试验阶段跨入商业运营阶段。1975～1985年，又依次开通了山阳新干线、东北新干线、上越新干线，列车最高时速达到300公里，基本形成了日本国内高速铁路网的骨架。1975年，山阳新干线全线开通，设计最高速度为250公里/小时，1982年，大宫至盛冈的东北新干线、大宫至新潟的上越新干线相继投入运营。1988年，开通青函隧道令新干线首次驶入北海道，日本的新干线网也由此几乎覆盖北海道至南部九州岛的整个日本列岛。1997年，开通长野新干线高崎经长野北陆新干线段，全长118公里，最高运营速度为250公里/小时。1990年以后，高速铁路建设以满足舒适、快捷、安全、节能、环保和低噪声要求为目的，在均衡开发国土和可持续发展方面发挥积极作用。为实现新干线与既有线直通，对既有线改轨或增加第三轨，盛冈至秋田127公里、福岛至山形87公里，均实现了与新干线列车的直通运输。截止到2020年，日本建成运营新干线高速铁路3041公里，正在建设高速铁路688公里，规划高速铁路346公里，高速铁路的功能已从缓解运输紧张，发展到拉动国民经济增长的阶段并形成新干线网络（见表3-4）。

表3-4　　　　　　　　日本开通运营高速铁路情况

开通路段	最高速度（公里/小时）	通车时间（年）	线路里程（公里）
东京—新大阪（东海道新干线）	285	1964	515
大阪—冈山（山阳新干线）	300	1972	161
冈山—博多（山阳新干线）	300	1975	393
大宫—盛冈（东北新干线）	320	1982	465
大宫—新潟（上越新干线）	240	1982	270

开通路段	最高速度 （公里/小时）	通车时间 （年）	线路里程 （公里）
上野—大宫（东北新干线）	110	1985	28
东京—上野（东北新干线）	70	1991	4
福岛—山形（山形新干线）	130	1992	87
盛冈—秋田（秋田新干线）	130	1997	127
高崎市—长野县（北陆新干线）	250	1997	118
山形县—川崎市（山形新干线）	130	1999	62
盛冈市—八户市（东北新干线）	260	2002	97
新八代—鹿儿岛（九州新干线）	260	2004	127
八户市—青森县（东北新干线）	260	2010	82
博多—新八代（九州新干线）	260	2011	130
长野县—金泽市（北陆新干线）	260	2015	228
青森县—函馆市（北海道新干线）	260	2016	149

资料来源：①JeanPierre CHarlanne. 2006 年的世界高速铁路［J］. 机车电传动，2007（1）：1－4. ②国际铁路联盟（UIC）网站，https：//uic. org/passenger/highspeed/article/high－speed－database－maps.

（三）法国 TGV

法国高速铁路称 TGV（Train a Grande Vitesse）。20 世纪 60 年代，法国巴黎—里昂既有铁路线的客货运量已经饱和，急需修建一条新线。自 1967 年起，法国国营铁路公司就开始着手研究高速铁路。1971 年，法国政府批准修建 TGV 东南线（巴黎至里昂，全长 417 公里，其中新建高速铁路线 389 公里），1976 年和 1978 年，东南线分别从南段和北段开始施工，1983 年 9 月全线竣工通车，通车后最高行车速度为 270 公里/小时。东南线高速铁路新线建成以后，法国国营铁路公司通过旧线改造，使得 TGV

不断地向东南方向延伸，扩大了高速铁路的服务范围。高速列车不但可以进入城市中心，而且可以扩大其通行区域。1989 年和1990 年，法国又建成大西洋线，列车最高时速达到 300 公里。1993 年，法国第三条高速铁路 TGV 北欧线开通运营，以巴黎为起点穿过英吉利海峡隧道通往伦敦，并与欧洲北部国家相连，是一条重要的国际通道。1999 年，地中海线建成，最高时速 350 公里。法国 TGV 形成以巴黎为中心向东西南北 4 个方向伸展的高速铁路网，东南线延伸至马赛，还要修建通向意大利和西班牙的南部欧洲线以及巴黎至德国的东部欧洲线，速度在 300 公里/小时，可覆盖 75% 的国土面积。2020 年，法国高速铁路运营里程达 2735 公里，远景规划 1725 公里，法国也正在编织一幅高速铁路网的宏伟画卷（见表 3 - 5）。

表 3 - 5　　　　　　　法国开通运营高速铁路情况

开通路段	最高速度（公里/小时）	通车时间（年）	线路里程（公里）
巴黎东南线	300	1981/1983	425
大西洋线（库尔塔兰—图尔）	300	1989/1990	292
东南延伸线（罗纳—阿尔卑斯山）	300	1992/1994	122
北方线（巴黎—伦敦—布鲁塞尔—阿姆斯特丹—科隆—法兰克福）	300	1994/1996	346
巴黎地区互联东线	300	1994/1996	105
地中海线	300	2001	259
欧洲东部线（第一段）	320	2007	335
佩皮里昂—西班牙边界（费格雷斯）	300	2010	24
莱茵河—隆河东支线	320	2011	146
欧洲东部线（第二段）	320	2016	122

开通路段	最高速度 （公里/小时）	通车时间 （年）	线路里程 （公里）
布列塔尼—卢瓦尔河地区线	320	2017	219
图尔—波尔多线	320	2017	340

资料来源：国际铁路联盟（UIC）网站，https：//uic. org/passenger/highspeed/article/high – speed – database – maps.

（四）德国 ICE

德国的高速铁路是城际高速列车，简称 ICE（Inter-city Express）。与日本和法国的高速铁路不同，德国高速铁路是按客货车混跑而设计的。1971 年，德国开工建设第一条高速铁路新线——汉诺威—维尔茨堡高速铁路，全长 327 公里，后又开始修建第二条高速新线——曼海姆—斯图加特高速线，全长 99 公里，1991 年曼海姆—斯图加特线建成通车，1992 年汉诺威—维尔茨堡线建成通车，以 280 公里/小时的速度运行。1992 年，德国购买了 60 列 ICE 列车，其中，41 列运行于第 6 号高速铁路，分别连接汉堡、法兰克福、斯图加特。1998 年 9 月，柏林—汉诺威和科隆—莱因（法兰克福）高速线建成通车，德国高速铁路总长达900 公里左右。科隆—莱茵高速铁路，将科隆和法兰克福之间的距离缩短至 17 公里，运行的 ICE3 型高速动车组最高速度可达300 公里/小时。2002 年 8 月，德国第 4 线路科隆—莱茵河高速新线开通，运营最高速度也达到 300 公里/小时，德国跻身于世界最高速运输集团成员。2003 年，德国修建连接南北柏林—慕尼黑的高速线（高速新线 + 既有线改造）。截止到 2020 年，德国高速铁路运营里程 1571 公里，在建高速铁路 147 公里，规划高速铁路 81 公里，远景规划高速铁路里程 210 公里（见表 3 – 6）。

表 3 - 6		德国开通运营高速铁路情况	
开通路段	最高速度 （公里/小时）	通车时间 （年）	线路里程 （公里）
汉诺威—维尔茨堡	280	1992	327
曼海姆—斯图加特	280	1991	99
汉诺威—柏林	250	1998	150
科隆—西格堡—法兰克福	300	2002	144
科隆—杜伦	250	2003	39
汉堡—柏林	230	2004	286
卡尔斯鲁厄—拉施塔特南—奥芬堡—巴塞尔	250	2004	44
纽伦堡—英戈尔施塔特	300	2006	89
慕尼黑—奥格斯堡	230	2011	62
卡尔斯鲁厄—卡岑贝格隧道—（巴塞尔）	250	2012	18
埃尔福特—莱比锡	300	2015	123
埃本斯菲尔德—埃尔福特	300	2017	107
纽伦堡—埃本斯菲尔德	230	2017	83

资料来源：①JeanPierre CHarlanne. 2006 年的世界高速铁路［J］. 机车电传动，2007（1）：1 - 4. ②国际铁路联盟（UIC）网站，https：//uic. org/passenger/highspeed/article/high - speed - database - maps.

第二节　我国高速铁路规划及调整状况

一、2004 年《中长期铁路网规划》

2004 年 1 月，我国第一个《中长期铁路网规划》经国务院常务会议审议通过。规划确定铁路网要扩大规模、完善结构、提高质量、快速扩充运输能力，迅速提高装备水平。规划提出，到 2010 年，铁路营业里程达 8.5 万公里左右，其中，客运专线约 5000 公里，复线 3.5 万公里，电气化 3.5 万公里。到 2020 年，全国铁路营业里程达到 10 万公里，主要繁忙干线实现客货分线，复线率和电化率均达到 50%，运输能力满足国民经济和社会发展需要，主要技术装备达到或接近国际先进水平。规划提出建立省会城市及大中城市间的快速客运通道，规划"四纵四横"客运专线以及环渤海、长江三角洲、珠江三角洲地区 3 个城际快速客运系统，建设客运专线 1.2 万公里以上，客车速度达到 200 公里/小时及以上。

（一）"四纵四横"客运专线

"四纵"客运专线包括：（1）北京—上海客运专线，贯通京津至长江三角洲东部沿海经济发达地区；（2）北京—武汉—广州—深圳客运专线，连接华北和华南地区；（3）北京—沈阳—哈尔滨（大连）客运专线，连接东北和关内地区；（4）杭州—宁波—福州—深圳客运专线，连接长江、珠江三角洲和东南沿海地区。"四横"客运专线包括：（1）徐州—郑州—兰州客运专线，连接西北和华东地区；（2）杭州—南昌—长沙客运专线，连接华中和华东地区；（3）青岛—石家庄—太原客运专线，连接华北和华东地区；（4）南京—武汉—重庆—成都客运专线，连接西南和华东地区。

（二）城际客运系统

城际客运系统包括环渤海、长江三角洲和珠江三角洲地区三个城际客运系统，覆盖区域内主要城镇。开工建设环渤海地区北京—天津，长江三角洲南京—上海—杭州，珠江三角洲广州—深圳、广州—珠海、广州—佛山城际客运系统。

二、2008年《中长期铁路网规划》

2008年10月，国家发展和改革委员会批准了《中长期铁路网规划（2008年调整）》，方案指出，到2020年，全国铁路营业里程达到12万公里以上，复线率和电化率分别达到50%和60%以上，主要繁忙干线实现客货分线，基本形成布局合理、结构清晰、功能完善、衔接顺畅的铁路网络，运输能力满足国民经济和社会发展需要，主要技术装备达到或接近国际先进水平。规划"四纵四横"等客运专线以及经济发达和人口稠密地区城际客运系统，建设客运专线1.6万公里以上。

（一）"四纵四横"客运专线

"四纵"客运专线包括：（1）北京—上海客运专线，包括蚌埠—合肥、南京—杭州客运专线，贯通京津至长江三角洲东部沿海经济发达地区；（2）北京—武汉—广州—深圳客运专线，连接华北和华南地区；（3）北京—沈阳—哈尔滨（大连）客运专线，包括锦州—营口客运专线，连接东北和关内地区；（4）上海—杭州—宁波—福州—深圳客运专线，连接长江、珠江三角洲和东南沿海地区。"四横"客运专线包括：（1）徐州—郑州—兰州客运专线，连接西北和华北地区；（2）杭州—南昌—长沙—贵阳—昆明客运专线，连接西南、华中和华东地区；（3）青岛—石家庄—太原客运专线，连接华北和华东地区；（4）南京—武汉—重庆—成都客运专线，连接西南和华东地区。同时建设南昌—九江、柳州—南宁、绵阳—成都—乐山、哈尔滨—齐齐哈尔、哈尔滨—牡丹江、长春—吉林、沈阳—丹东等客运专线，扩大客运专线的覆盖面。

（二）城际客运系统

城际客运系统方面在环渤海、长江三角洲、珠江三角洲、长株潭、成渝以及中原城市群、武汉都市圈、关中城镇群、海峡西岸城镇群等经济发达和人口稠密地区建设城际客运系统，覆盖区域内主要城镇。

三、2016 年《中长期铁路网规划》

2016 年 7 月，国家发展和改革委员会、交通运输部、中国铁路总公司联合发布了《中长期铁路网规划》。规划指出，2020 年铁路网规模达到 15 万公里，其中，高速铁路 3 万公里，覆盖 80% 以上的大城市。到 2025 年，铁路网规模达到 17.5 万公里左右，其中，高速铁路 3.8 万公里，网络覆盖进一步扩大，路网结构更加优化，骨干作用更加显著，更好发挥铁路对经济社会发展的保障作用。展望到 2030 年，基本实现内外互联互通、区际多路畅通、省会高铁连通、地市快速通达、县域基本覆盖。全国铁路网将连接 20 万人口以上城市，高速铁路网基本连接省会城市和其他 50 万人口以上大中城市，形成以特大城市为中心覆盖全国、以省会城市为支点覆盖周边的高速铁路网。在"四纵四横"高速铁路的基础上，形成以"八纵八横"主通道为骨架，区域连接线衔接、城际铁路补充的高速铁路网，实现省会城市高速铁路通达、区际之间高效便捷相连。

（一）"八纵"通道

沿海通道。大连（丹东）—秦皇岛—天津—东营—潍坊—青岛（烟台）—连云港—盐城—南通—上海—宁波—福州—厦门—

深圳—湛江—北海（防城港）高速铁路（其中青岛至盐城段利用青连、连盐铁路，南通至上海段利用沪通铁路），连接东部沿海地区，贯通京津冀、辽中南、山东半岛、东陇海、长三角、海峡西岸、珠三角、北部湾等城市群。

京沪通道。北京—天津—济南—南京—上海（杭州）高速铁路，包括南京—杭州、蚌埠—合肥—杭州高速铁路，同时通过北京—天津—东营—潍坊—临沂—淮安—扬州—南通—上海高速铁路，连接华北、华东地区，贯通京津冀、长三角等城市群。

京港（台）通道。北京—衡水—菏泽—商丘—阜阳—合肥（黄冈）—九江—南昌—赣州—深圳—香港（九龙）高速铁路，另一支线为合肥—福州—台北高速铁路，包括南昌—福州（莆田）铁路，连接华北、华中、华东、华南地区，贯通京津冀、长江中游、海峡西岸、珠三角等城市群。

京哈—京港澳通道。哈尔滨—长春—沈阳—北京—石家庄—郑州—武汉—长沙—广州—深圳—香港高速铁路，包括广州—珠海—澳门高速铁路，连接东北、华北、华中、华南、港澳地区，贯通哈长、辽中南、京津冀、中原、长江中游、珠三角等城市群。

呼南通道。呼和浩特—大同—太原—郑州—襄阳—常德—益阳—邵阳—永州—桂林—南宁高速铁路，连接华北、中原、华中、华南地区，贯通呼包鄂榆、山西中部、中原、长江中游、北部湾等城市群。

京昆通道。北京—石家庄—太原—西安—成都（重庆）—昆明高速铁路，包括北京—张家口—大同—太原高速铁路，连接华北、西北、西南地区，贯通京津冀、太原、关中平原、成渝、滇中等城市群。

包（银）海通道。包头—延安—西安—重庆—贵阳—南宁—

湛江—海口（三亚）高速铁路，包括银川—西安以及海南环岛高速铁路，连接西北、西南、华南地区，贯通呼包鄂、宁夏沿黄、关中平原、成渝、黔中、北部湾等城市群。

兰（西）广通道。兰州（西宁）—成都（重庆）—贵阳—广州高速铁路，连接西北、西南、华南地区，贯通兰西、成渝、黔中、珠三角等城市群。

（二）"八横"通道

绥满通道。绥芬河—牡丹江—哈尔滨—齐齐哈尔—海拉尔—满洲里高速铁路，连接黑龙江及蒙东地区。

京兰通道。北京—呼和浩特—银川—兰州高速铁路，连接华北、西北地区，贯通京津冀、呼包鄂、宁夏沿黄、兰西等城市群。

青银通道。青岛—济南—石家庄—太原—银川高速铁路（其中绥德至银川段利用太中银铁路），连接华东、华北、西北地区，贯通山东半岛、京津冀、太原、宁夏沿黄等城市群。

陆桥通道。连云港—徐州—郑州—西安—兰州—西宁—乌鲁木齐高速铁路，连接华东、华中、西北地区，贯通东陇海、中原、关中平原、兰西、天山北坡等城市群。

沿江通道。上海—南京—合肥—武汉—重庆—成都高速铁路，包括南京—安庆—九江—武汉—宜昌—重庆、万州—达州—遂宁—成都高速铁路（其中成都至遂宁段利用达成铁路），连接华东、华中、西南地区，贯通长三角、长江中游、成渝等城市群。

沪昆通道。上海—杭州—南昌—长沙—贵阳—昆明高速铁路，连接华东、华中、西南地区，贯通长三角、长江中游、黔中、滇中等城市群。

厦渝通道。厦门—龙岩—赣州—长沙—常德—张家界—黔江—重庆高速铁路（其中厦门至赣州段利用龙厦铁路、赣龙铁路，常德至黔江段利用黔张常铁路），连接海峡西岸、中南、西南地区，贯通海峡西岸、长江中游、成渝等城市群。

广昆通道。广州—南宁—昆明高速铁路，连接华南、西南地区，贯通珠三角、北部湾、滇中等城市群。

（三）区域铁路连接线

东部地区。北京—唐山、天津—承德、日照—临沂—菏泽—兰考、上海—湖州、南通—苏州—嘉兴、杭州—温州、合肥—新沂、龙岩—梅州—龙川、梅州—汕头、广州—汕尾等。

东北地区。齐齐哈尔—乌兰浩特—白城—通辽、佳木斯—牡丹江—敦化—通化—沈阳、赤峰和通辽至京沈高铁连接线。

中部地区。郑州—阜阳、郑州—濮阳—聊城—济南、黄冈—安庆—黄山、巴东—宜昌、宣城—绩溪、南昌—景德镇—黄山、石门—张家界—吉首—怀化等铁路。

西部地区。玉屏—铜仁—吉首、绵阳—遂宁—内江—自贡、昭通—六盘水、兰州—张掖、贵港—玉林等铁路。

（四）城际客运铁路

规划建设支撑和引领新型城镇化、有效连接大中城市与中心城镇、服务通勤功能的城市群城际铁路。京津冀、长三角、珠三角、长江中游、成渝、中原、山东半岛等城市群，建成城际铁路网；海峡西岸、哈长、辽中南、关中、北部湾等城市群，建成城际铁路骨架网；滇中、黔中、天山北坡、宁夏沿黄、呼包鄂榆等城市群，建成城际铁路骨干通道。

第三节　我国高速铁路建设运营状况

一、我国高速铁路的建设历程

（一）试验准备阶段

我国建设高速铁路初期的战略设想是对既有线路进行改造，以较少的投资和较短的时间建成旅客列车时速 160 公里的准高速铁路。1991 年，我国开始对广深铁路进行技术改造，1994 年，广深准高速铁路建成运营，旅客列车速度达到 160～200 公里/小时，广深铁路为我国发展高速铁路做了前期准备，成为我国高速铁路的起点。1998 年 5 月，广深铁路电气化提速改造完成，设计最高速度为 200 公里/小时，为了研究通过摆式列车在中国铁路既有线路实现提速至高速铁路的可行性，同年 8 月，广深铁路率先使用向瑞典租赁的 X2000 摆式高速动车组，全线采用了众多达到 20 世纪 90 年代国际先进水平的技术和设备，广深铁路被视为中国由既有线改造踏入高速铁路的开端[1]。1998 年 6 月，韶山 8 型电力机车于京广铁路的区段试验中达到了 240 公里/小时的速度，创下了当时的"中国铁路第一速"，是中国第一种高速铁路机车。

（二）铁路客运提速阶段

1997 年 4 月 1 日零时，中国全面实施铁路第一次大面积提

---

[1]　王亦军. 中国高速铁路建设回顾与发展思考 [J]. 铁道经济研究，2016 (1)：6-11.

速调图，拉开了铁路提速的帷幕。提速列车最高运行时速达到了140公里；全国铁路客运平均旅行速度由1993年的时速48公里，提高到时速55公里；首次开行了快速列车和夕发朝至列车。

1998年10月1日零时，实施第二次大面积提速调图，快速列车最快运行速度达到了时速160公里，全国铁路客运平均旅行速度达到时速55.2公里，直通快速、特快客车平均时速达到71.6公里，首次开行了行包专列和旅游热线直达列车。

2000年10月21日零时，第三次大面积提速在陇海、兰新、京九、浙赣线顺利实施，初步形成了覆盖全国主要地区的"四纵两横"提速网络。全国铁路客运平均时速达到60公里。新的列车车次将传统的快速、特快、直快、普通、混合、市郊和军运列车七个等级调整为三个等级，即特快、快速和普通列车。

2001年10月21日零时，实施第四次大面积提速调图，铁路提速延展里程达到1.3万公里，使提速网络覆盖全国大部分省区市。全国铁路旅客列车平均旅行速度达到时速61.6公里；进一步增开了特快列车，树立了夕发朝至列车等客货运输品牌的形象。

2004年4月18日零时，实施第五次大面积提速调图，几大干线的部分地段线路基本达到时速200公里的要求；提速网络总里程1.65万公里；铁路客运列车平均旅行速度达到时速65.7公里。全国共开行了19对直达特快列车，广深铁路首次开行时速达160公里的国产快速旅客列车。

2007年4月18日零时，全国铁路第六次大提速，京哈、京沪等既有干线实施时速200公里的提速，部分有条件区段列车运行时速可达250公里，时速200公里提速线路延展里程一次达到 6000 多公里。除原有列车提高速度外，新增 "D" 字头的动车组。北京、上海、广州等城市将开行 "D" 字头的动车组城际快车。乘坐 "D" 字头列车，将比原有班次更为快速地到达目的地①。

（三）过渡阶段

2003 年 10 月 12 日，秦沈客运专线建成通车，第一次开行了时速 200 公里的中华之星动车组，开启了中国高速铁路快速发展的序幕。2004 年 1 月，国务院批准通过《中长期铁路网规划》明确了至 2020 年中国铁路网中长期建设的目标和任务，规划提出要建设 "四纵四横" 八条时速 200 公里以上的客运专线。2008 年 8 月 1 日，中国第一条具有完全自主知识产权、世界一流水平的高速铁路京津城际铁路通车运营，时速 350 公里。2008 年 11 月，中国提出进一步扩大内需的十项措施，铁路基础设施建设成为重中之重，高速铁路迎来大发展的机遇。2009 年，我国高速铁路发展速度全面加快，同年 12 月 26 日，武广高速铁路开通运营，最高运营速度达到 394 公里/小时，武汉到广州 3 个小时便可到达，武汉至广州间旅行时间由原来约 11 小时缩短到 3 小时左右，武汉到长沙直达仅需 1 个小时，长沙到广州直达仅需 2 小时。武广高速铁路成为世界上运营速度最快、密度最大的高速铁路。武广高速铁路的开通运营，标志着我国正飞速进入高铁时代②。

（四）大发展阶段

2010 年，我国高铁运营里程 5133 公里，在建里程 1.7 万公

---

① 资料来源：中国六次铁路大提速 ［EB/OL］. （2007 - 04 - 13）http：//www. gov. cn/govweb/fwxx/ly/2007 - 04/13/content_581277. htm.
② 王亦军. 中国高速铁路建设回顾与发展思考 ［J］. 铁道经济研究，2016（1）：6 - 11.

里，其中，建成投产高速铁路1554.3公里，新开工高速铁路8100公里。2011年6月30日，总长1318公里，总投资约2209亿元的京沪高铁开通运营，京沪高铁是中华人民共和国成立以来建设里程最长、投资最大、标准最高的高速铁路。2012年12月1日，世界上第一条地处高寒地区的高铁线路——哈大高铁正式通车运营，从哈尔滨到大连只需4小时40分钟。2013年，随着宁杭、杭甬、盘营高铁以及向莆铁路的相继开通，"四纵"干线基本成型。2016年，中国标准动车组列车由我国自行设计研制、全面拥有自主知识产权，交汇时速可达420公里，打破新的动车交会速度世界纪录。2016年9月10日，连接京广高铁与京沪高铁两大干线设计时速350公里的郑徐高铁开通运营等都彰显了中国高速铁路进入了快速发展的时代，2020年我国高速铁路运营里程达3.79万公里①。

二、我国高速铁路的类型及运营里程

（一）我国高速铁路类型

我国高速铁路网包括四种类型线路：客运专线、城际客运系统、经提速改造后的既有线、完善路网布局和西部开发性新线。

客运专线是指省会城市及大中城市间的长途高速铁路。《中长期铁路规划》中指出，到2020年，中国"四纵四横"客运专线全长将达到16000公里。仅行驶旅客列车的客运专线时速可达到300公里或以上，而旅客列车和货物列车混行的客运专线的时

---

① 资料来源：根据互联网新闻信息整理。

速则为 200～250 公里。

城际客运系统（城际铁路）：城际客运系统是指建设于各都市圈内部，尤其是人口稠密地区（如环渤海地区、珠江三角洲、长江三角洲等地区）的短途高速铁路，线路长度一般在 500 公里以下。线路的时速达到 200～250 公里，有的线路时速也可以达到 300 公里以上。

经提速改造后的既有线：对于一些人口稠密、经济较发达地区的城市间干线铁路，进行提速改造。主要是指加强技术改造和枢纽建设、对现有铁路干线进行复线建设和电气化改造后的高速铁路。

完善路网布局和西部开发性新线：这些线路是以扩大西部铁路网为主，以适应西部地区的经济发展，主要规划在四川、重庆、广西、甘肃、陕西、新疆等西部省区市。这些线路主要为客货混行铁路，也有部分客运专线。由于中国西部地区经济相对落后，而且西南地区四川、重庆、贵州、西藏等省区市地理条件复杂导致修筑难度较大，因此建设进度较慢。

（二）我国高速铁路运营里程

2020 年，中国铁路营业里程达 14.63 万公里，其中，高铁运营里程突破 3.79 万公里（见表 3 - 7），与 2008 年相比增加了 55.4 倍；占全国铁路营业里程的比重达 25.9%，占世界高速铁路运营里程的 69%。开通运营速度 200～250 公里/小时的路段有 98 条，300～350 公里/小时的路段有 46 条（见表 3 - 8），"四纵四横"客运专线提前建成，"八纵八横"高速铁路网即将建成。全国铁路客车拥有量 7.6 万辆，其中，动车组 3918 标准组，31340 辆。受新冠肺炎疫情影响，2020 年，全国铁路旅客发送量完成 22.03 亿人，比上年减少 14.57 亿人，下降 39.8%。全国铁路旅客周转量完成 8266.19 亿人公里，下降 43.8%。高铁旅客客运量 15.57 亿人，与 2008 年相比增加了 214 倍多，占铁路客运量的比重达 70.7%；旅客周转量完成 4844.9 亿人公里，与 2008 年相比增加了 309.6 倍，占铁路客运周转量的 58.6%。

表 3 − 7   2008 ~ 2020 年中国高速铁路建设运营情况

年份	营业里程（公里）	占铁路营业里程比重（%）	客运量（万人）	占铁路客运量比重（%）	旅客周转量（亿人公里）	占铁路客运周转量的比重（%）
2008	672	0.8	724	0.5	15.6	0.2
2009	2699	3.2	4651	3.1	162.2	2.1
2010	5133	5.6	13323	8.0	463.2	5.3
2011	6601	7.1	28552	15.8	1058.4	11.0
2012	9356	9.6	38815	20.5	1446.1	14.7
2013	11028	10.7	52965	25.1	2141.1	20.2
2014	16456	14.7	70378	30.5	2825	25.1
2015	19838	16.4	96139	37.9	3863.4	32.3
2016	22980	18.5	122128	43.4	4641	36.9
2017	25164	19.8	175216	56.8	5875.6	43.7
2018	29904	22.7	205430	60.9	6871.9	48.6
2019	35388	25.3	235833	64.4	7746.7	52.7
2020	37929	25.9	155707	70.7	4844.9	58.6

资料来源：《2021 中国统计年鉴》。

表 3 - 8　2020 年我国开通运营高速铁路及城际铁路

高速铁路网	通道/地区/城市群	路段名称	开工时间	通车时间	设计速度（公里/小时）	线路里程（公里）	途经站点
八纵	沿海通道	丹大快速铁路	2010.3	2015.12	200	292	丹东、丹东西、东港北、北井子、大孤山、青堆、庄河北、花园口、城子坦、皮口、杏树屯、登沙河、广宁寺、金州、大连北
		哈大高速铁路大连—营口东段	2007.8	2012.12	350	206	大连北、金普、瓦房店西、鲅鱼圈、盖州西、营口东
		盘营高速铁路	2009.5	2013.9	350	89.3	盘锦北、盘锦、中小所、下夹河、营口东
		沈秦客运专线秦皇岛—盘锦段	1999.8	2003.10	250	241	秦皇岛、山海关、东戴河、绥中北、兴城西、葫芦岛北、高桥北、锦州南、凌海南、盘锦北
		津秦高速铁路	2008.11	2013.12	350	261.3	天津、天津、军粮城北、滨海西、滨海北、唐山、滦河、北戴河、秦皇岛
		青荣城际铁路	2010.10	2016.11	250	316	青岛、青岛北、城阳、桃车河、即墨北、夏格庄（预留）、莱西北、莱阳、海阳北、桃村北、西陌堂、烟台南、烟台、牟平、威海北、威海、文登东、荣成
		潍荣高速铁路潍坊—莱西段	2018.2	2020.11	350	125.8	潍坊北、昌邑、莱西

高速铁路网	通道/地区/城市群	路段名称	开工时间	通车时间	设计速度（公里/小时）	线路里程（公里）	途经站点
八纵	沿海通道	青盐铁路	2010.12	2018.12	200	428	青岛北、红岛、洋河口、青岛、董家口、胶州、两城、日照西、岚山西、赣榆北、连云港、海州、灌云东、响水县、滨海港、阜宁东、射阳、盐城北
		盐通高速铁路	2018.5	2020.12	350	157.1	盐城、大丰、东台、海安、如皋南、南通西
		沪苏通铁路	2014.3	2020.7	200	143	南通西、张家港北、常熟、太仓港、太仓、太仓南、安亭西
		沪杭高速铁路	2009.2	2010.10	350	159	上海虹桥、松江南、金山北、嘉善南、嘉兴南、桐乡、海宁西、临平南、杭州东
		杭甬高速铁路	2009.4	2013.7	350	155	杭州东、杭州南、绍兴北、绍兴东、余姚北、庄桥、宁波
		甬台温铁路	2005.10	2009.9	250	282.4	宁波、奉化、宁海、三门、临海、台州西、温岭、雁荡、乐清南、温州南、瓯海
		温福铁路	2005.8	2009.9	250	302	温州南、瑞安、平阳、苍南、福鼎、太姥山、霞浦、福安、宁德、罗源、连江、福州
		福厦铁路	2005.9	2010.4	250	276	福州、福州南、福清、涵江、莆田、仙游、惠安、泉州、晋江、杏林、厦门北、厦门门高崎、厦门

续表

高速铁路网	通道/地区/城市群	路段名称	开工时间	通车时间	设计速度（公里/小时）	线路里程（公里）	途经站点
	沿海通道	厦深铁路	2007.11	2013.12	250	514	厦门北、前场、角美、漳州、漳浦、云霄、诏安、饶平、潮汕、汕头、潮阳、普宁、葵潭、陆丰、汕尾、鲘门、惠东、惠州南、深圳坪山、深圳北
		深茂铁路江茂段	2014.6	2018.7	200	390	江门、双水镇、台山、开平南、恩平、阳东、阳江、阳西、马踱、电白、茂名
		茂湛铁路	2009.9	2013.12	200	94.4	茂名、吴川、塘缀、黄略、湛江西
		钦北铁路	2009.6	2013.12	250	99.5	钦州东、大马、合浦、北海、北海港
		钦防高速铁路	2009.6	2013.12	250	62.6	钦州、茅岭南、防城港北、防城港
八纵	京沪通道	京沪高速铁路	2008.4	2011.6	380	1318	北京南、廊坊、天津西、沧州西、德州东、济南西、泰安、曲阜东、枣庄、徐州东、宿州东、蚌埠南、定远、滁州南、南京南、镇江南、丹阳北、常州北、无锡东、苏州北、昆山南、上海虹桥
		宁杭高速铁路	2009.4	2013.7	350	255	南京南、江宁、句容西、溧水、瓦屋山、溧阳、宜兴、长兴、湖州、德清、杭州东
		合蚌高速铁路	2009.1	2012.10	350	132	合肥、合肥北城、水家湖、淮南东、蚌埠南

高速铁路网	通道/地区/城市群	路段名称	开工时间	通车时间	设计速度（公里/小时）	线路里程（公里）	途经站点
		京雄城际铁路	2018.2	2020.12	350	91	北京大兴、大兴机场、固安东、霸州北、雄安
		商合高速铁路	2015.11	2020.6	350	617.9	商丘、商丘东、亳州东、太和东、阜阳西、颍上北、凤台南、寿县、合肥北城、合肥、肥东、巢湖东、含山南、芜湖北、芜湖、芜湖南、湾沚南、宣城、郎溪南、广德南、安吉、湖州、德清、杭州东
		合安高速铁路	2015.12	2020.12	350	162.6	合肥西、肥西、舒城东、庐江西、桐城、桐城东、双墩、安庆西
八纵	京港（台）通道	安九高速铁路	2017.9	2021.12	350	176	安庆西、潜山、太湖南、宿松东、黄梅南、庐山
		昌九城际铁路	2007.11	2010.9	250	135	九江、庐山、德安、共青城、永修、南昌
		昌赣高速铁路	2014.12	2019.12	350	416	南昌、丰城东、樟树东、新干东、吉水西、吉安、泰和、万安、兴国西、赣县南、赣州西
		赣深高速铁路	2016.12	2021.12	350	434	赣州西、信丰西、龙南东、定南南、和平北、龙川西、河源北、河源东、博罗北、惠州南、仲恺、东莞南、光明城、深圳北
		广深港高速铁路 广州—深圳段	2005.12	2011.12	350	111	广州南、庆盛、虎门、光明城、深圳北

续表

高速铁路路网	通道/地区/城市群	路段名称	开工时间	通车时间	设计速度（公里/小时）	线路里程（公里）	途经站点
八纵	京港（台）通道	广深港高速铁路福田—香港段	2010.1	2018.9	200	30	福田，香港西九龙
		合福高速铁路	2009.12	2015.6	350	850	合肥北城，合肥南，长临河，巢湖东，无为，铜陵北，南陵，泾县，旌德，绩溪北，黄山北，婺源，兴，上饶，五府山，武夷山北，南平，建瓯西，建阳北，闽清北，福州田北，延平，古
		向莆铁路	2007.11	2013.9	200	632.4	南昌西，抚州北，南城，南丰，建宁县北，泰宁，将乐，三明北，尤溪，永泰，福州
	京哈—京港澳通道	京哈高速铁路哈段	2007.8	2012.12	350	545	沈阳北，铁岭西，开原西，昌图西，四平东，公主岭南，长春西，德惠西，扶余西，双城北，哈尔滨西，哈尔滨
		京哈高速铁路沈承段	2014.2	2018.12	350	504	承德南，承德县北，平泉北，牛河梁，喀左，奈林皋，辽宁朝阳，北票，乌兰木图，阜新，黑山北，新民北，沈阳西，沈阳
		京哈高速铁路京承段	2015.12	2021.12	350	192	北京朝阳，顺义西，怀柔南，密云，兴隆县西，安匠，承德南

高速铁路网路段	通道/地区/城市群	路段名称	开工时间	通车时间	设计速度（公里/小时）	线路里程（公里）	途经站点
	京哈－京港澳通道	京石高速铁路	2008.10	2012.12	350	283.7	北京西、涿州东、高碑店东、徐水东、保定东、定州东、正定机场、石家庄
		石武高速铁路	2008.10	2012.12	350	840.6	石家庄、高邑西、邢台东、邯郸东、安阳东、鹤壁东、新乡东、郑州东、许昌东、漯河西、驻马店东、明港东、信阳东、孝感北、武汉
		武广高速铁路	2005.6	2009.12	350	1069	武汉、咸宁北、赤壁北、岳阳东、汨罗东、长沙南、株洲西、衡山西、衡阳东、耒阳西、郴州西、乐昌东、韶关、英德西、清远、广州北、广州南
八纵		广深港高速铁路广深段	2005.12	2011.12	350	111	广州南、庆盛、虎门、光明城、深圳北、福田
		广深港高速铁路香港段	2010.1	2018.9	350	30	福田、香港西九龙
	呼南通道	大西高速铁路原平－太原段	2009.12	2018.9	250	116	原平西、忻州西、阳曲西、太原南
		太焦高速铁路	2016.6	2020.12	250	3588	焦作、焦作西、晋城东、高平东、长治南、长治东、襄垣、武乡、榆社西、太谷东、晋中、鸣李、太原南

续表

高速铁路网	通道/地区/城市群	路段名称	开工时间	通车时间	设计速度（公里/小时）	线路里程（公里）	途经站点
八纵	呼南通道	郑焦城际铁路	2009.12	2015.6	250	70.3	郑州、南阳寨、黄河风景区、武陟、修武西、焦作
		郑渝高速铁路郑襄段	2012.12	2019.12	350	389	郑州东、长葛北、禹州、郏县、平顶山西、方城、南阳东、邓州东、襄阳东
		娄邵铁路	2014.3	2016.1	200	100.5	娄底、娄底西、双峰北、廉桥、邵东、邵阳
		衡柳铁路	2009.3	2013.12	200	497.7	衡阳东、祁东、祁阳、永州、东安东、全州南、兴安北、桂林北、桂林、鹿寨南、柳州
		柳南城际铁路	2009.10	2013.12	250	225	柳州、进德、来宾北、宾阳、五塘、南宁东、南宁
	京昆通道	京张高速铁路	2016.4	2019.12	350	174	北京北、清河、昌平、八达岭长城、东花园北、怀来、下花园北、宣化北、张家口
		大西高速铁路原平西段	2009.12	2018.9	250	682	原平西、忻州西、阳曲西、太原南、太谷西、祁县东、平遥古城、介休东、灵石西、霍州东、洪洞西、临汾西、襄汾西、侯马西、运城北、永济北、大荔、渭南北、西安北
		西成高速铁路	2012.10	2017.12	250	658	西安北、阿房宫、鄠邑、佛坪、洋县西、城固北、汉中、宁强南、朝天、广元、剑门关、青川、江油北、江油、绵阳、罗江东、德阳、广汉北、青白江东、新都东、成都东

高速铁路网	通道/地区/城市群	路段名称	开工时间	通车时间	设计速度（公里/小时）	线路里程（公里）	途经站点
八纵	包（银）海通道	银西高速铁路	2015.12	2020.12	250	543	西安北、咸阳北、礼泉南、乾县、永寿西、彬州东、宁县、庆阳、庆城、曲子、环县、甜水堡、惠安堡、吴忠
		海南环岛铁路（东环）	2007.9	2010.12	250	308	海口、海口东、美兰、文昌、琼海、和乐、万宁、神州、陵水、亚龙湾、新三亚
		海南环岛铁路（西环）	2012.9	2015.12	200	345	海口、老城镇、福山镇、临高南、银滩、白马井、海头、棋子湾、东方、金月湾、尖峰、乐东、崖州、凤凰机场、三亚
	兰（西）广通道	兰渝铁路	2008.9	2017.9	200	886	兰州西、兰州、夏官营、渭源、漳县、岷县、哈达铺、临江铺、雅园、陇南西、陇南、柑桔、广元西、姚渡、木、广元、阆中、南充北、南充、南部、合川、重庆西、重庆北
		成贵高速铁路	2008.12	2019.12	250	648	成都东、成都南、双流西、双流机场、新津南、新津、彭山、屏山、山北、眉山东、青神、乐山、键为、泥溪、宜宾西、长宁、威信、镇雄、毕节、大方、黔西、清镇西、白云北、贵阳东
		渝贵铁路	2013.10	2018.1	200	345.4	重庆西、路黄南、綦江东、赶水东、桐梓北、娄山关南、遵义、龙坑、遵义南、息烽、清镇东、修文县

续表

高速铁路网	通道/地区/城市群	路段名称	开工时间	通车时间	设计速度（公里/小时）	线路里程（公里）	途经站点
八纵	兰（西）广通道	贵广高速铁路	2008.10	2014.12	250	857	贵阳北、贵阳东、龙洞堡、龙里北、贵定县、都匀东、都匀南、榕江、从江、三江南、五通、桂林西、桂林北、朔、恭城、钟山西、贺州、广宁、怀集、广宁、肇庆东、三水南、佛山西、广州南
八横	绥满通道	牡绥铁路	2010.7	2015.12	200	138	牡丹江、爱河、磨刀石、穆棱、细鳞河、绥阳、绥芬河
		哈牡高速铁路	2014.12	2018.12	250	293.2	哈尔滨、新香坊北、阿城北、帽儿山西、尚志南、一面坡北、苇河西、亚布力西、横道河子东、海林北、牡丹江
		哈齐高速铁路	2009.7	2015.8	350	282	哈尔滨西、哈尔滨北、安达、大庆东、大庆西、杜尔伯特、红旗营东、齐齐哈尔南、齐齐哈尔
	京兰通道	京张高速铁路	2016.4	2019.12	350	174	北京北、清河、昌平、八达岭长城、怀来、下花园北、宣化北、张家口、东花园北、怀安、张家口
		张呼高速铁路	2014.5	2019.12	250	286.8	张家口、怀安、兴和北、卓资东、乌兰察布、呼和浩特东、呼和浩特
		集包铁路第二双线	2009.4	2012.12	200	308	集宁南、葫芦、陶卜齐、台塔、呼和浩特东、呼和浩特、呼和浩特西、台阁南、萨拉齐、察素齐、包头东、包头、卓资东、旗下营东、三卜素、南园村

高速铁路网	通道/地区/城市群	路段名称	开工时间	通车时间	设计速度（公里/小时）	线路里程（公里）	途经站点
八横	京兰通道	宝银高速铁路	2018. 8	预计 2022	250	519	包头、白彦花西、乌拉特前旗西、五原东、临河西、磴口西、碱柜、乌海勃湾、乌海南、石嘴山南、沙湖、银川
		银兰高速铁路	2015. 10	2019. 12	250	405	银川、河东机场、灵武东、吴忠、红寺堡东、中卫东、北滩、平川、靖远北、白银南、兰州新区南
	青银通道	济青高速铁路	2015. 8	2018. 12	350	307.9	青岛北、红岛、青岛机场、胶州北、高密北、潍坊北、临淄北、淄博北、邹平、章丘、济南东
		石济高速铁路	2014. 3	2019. 1	275	298	石家庄、石家庄东、藁城南、辛集、衡水北、景州、平原东、禹城、齐河、济南东
	陆桥通道	石太高速铁路	2005. 6.	2009. 4	250	189.9	石家庄、石家庄西、获鹿、井陉北、阳泉北、东凌井、大原东、太原、太原南
		徐连高速铁路	2017. 7	2021. 2	350	185	徐州东、后马庄、大许南、邳州东、新沂南、东海县、东海南、连云港
		郑徐高速铁路	2012. 12	2016. 9	350	362	郑州东、开封北、兰考南、民权北、商丘、砀山南、萧县北、徐州东

续表

高速铁路网	通道/地区/城市群	路段名称	开工时间	通车时间	设计速度（公里/小时）	线路里程（公里）	途经站点
八横	陆桥通道	郑西高速铁路	2005.9	2010.2	350	523	郑州东、郑州西、巩义南、洛阳龙门、渑池南、三门峡南、灵宝西、华山北、渭南北、西安北
		西宝高速铁路	2009.11	2013.12	350	167	西安北、咸阳西、杨凌南、岐山、宝鸡南
		宝兰高速铁路	2012.10	2017.7	250	401	宝鸡南、东岔、天水南、秦安、通渭、定西北、榆中、兰州西
		兰新高速铁路	2009.11	2014.12	250	1786	兰州西、民和南、海东、海东西、西宁、大通西。门源、门源、山丹马场、民乐、张掖西、临泽南、高台南、清水北、酒泉南、嘉峪关南、玉门、柳园南、哈密、吐鲁番北、吐鲁番南、乌鲁木齐南、乌鲁木齐
	沿江通道	京沪高速铁路沪宁段	2008.4	2011.6	380	295	南京南、镇江南、丹阳北、常州北、无锡东、苏州北、昆山南、上海虹桥
		合宁铁路	2005.7	2008.4	250	166	合肥南、肥东、巢北、全椒、亭子山、江浦、南京
		合武铁路	2005.9	2009.4	350	359	合肥南、蜀山东、桃花店、长安集、六安、金寨、天堂寨、墩义堂、三河、麻城北、红安西、独山、汉口
		宁安高速铁路	2008.12	2015.12	250	257	南京南、江宁西、马鞍山东、当涂东、芜湖、芜湖南、繁昌南、铜陵、池州、安庆

高速铁路网	通道/地区/城市群	路段名称	开工时间	通车时间	设计速度（公里/小时）	线路里程（公里）	途经站点
八横	沿江通道	汉宜高速铁路	2008.9	2012.7	250	292	汉口、新墩、汉川、天门南、仙桃西、潜江、荆州、枝江北、宜昌东
		宜万铁路	2003.12	2010.12	160	377	宜昌东、长阳、巴东、建始、恩施、利川、凉雾、齐岳山、高坪、罗田、鱼背山、五桥、万州
		渝利铁路	2008.12	2013.12	200	264.4	重庆北、双溪、复盛、长寿北、涪陵北、丰都、石柱县、沙子、凉雾
		遂渝铁路二线	2009.1	2012.12	200	131.2	遂宁南、三星、潼南、下大和、合川、石子山
		成渝高速铁路	2010.3	2015.12	300	308	成都东、简阳南、资阳北、资中北、内江北、隆昌北、荣昌北、大足南、永川东、璧山、沙坪坝、重庆北
		达成快速铁路	2004.11	2009.7	200	374	达州、三汇镇、土溪、营山、八庙、蓬安、南充、大通、蓬溪、遂宁、遂宁西、新桥、星光、大英、峰、仓山镇、金堂、积金、隆盛、转龙、观音道、温江南、金堂、城厢、龙章、龙章寺、成都
	沪昆通道	沪杭高速铁路	2009.2	2010.10	350	160	上海虹桥、松江南、金山北、嘉善南、嘉兴南、嘉兴南、临平南、杭州东、桐乡、海宁西

高速铁路的区域空间效应研究

续表

高速铁路网	通道/地区/城市群	路段名称	开工时间	通车时间	设计速度（公里/小时）	线路里程（公里）	途经站点
八横	沪昆通道	杭长高速铁路	2010.6	2014.12	350	933	杭州东、杭州南、诸暨、义乌、金华、龙游、衢州、江山、玉山南、上饶、弋阳、鹰潭北、抚州东、进贤南、南昌西、高安、新余北、宜春、萍乡北、醴陵东、长沙南
		长昆高速铁路	2010.3	2016.12	250	1158.1	长沙南、湘潭北、韶山南、娄底南、新化南、邵阳北、新晃南、淑浦南、怀化南、芷江、铜仁南、三穗、凯里南、贵定北、贵阳东、平坝南、安顺西、关岭、普安县、盘州、富源北、曲靖北、高明、昆明南
	渝湘通道	渝湘高速铁路	2018.11	预计2024	350	265	重庆、重庆东、巴南惠民、南川北、水江北、武隆南、彭水南、黔江
	厦渝通道	黔常铁路	2014.12	2019.12	200	336.3	黔江、咸丰、来凤、龙山北、桑植、张家界、牛车河、桃源、常德
		常益长高速铁路	2017.12	预计2022	350	156.8	常德、汉寿南、益阳南、宁乡西、长沙西
		赣瑞龙铁路	2010.9	2015.12	200	272.8	赣州、赣州东、于都、会昌北、瑞金、长汀南、古田会址、龙岩
		龙厦铁路	2006.12	2012.6	200	171	龙岩、龙山镇、漳州南、南靖、角美、厦门北

高速铁路网	通道/地区/城市群	路段名称	开工时间	通车时间	设计速度（公里/小时）	线路里程（公里）	途经站点
八横	广昆通道	南广铁路	2008.11	2014.12	250	577.1	南宁、南宁东、五塘、宾阳、覃塘北、根竹、贵港、厚禄、桂平、南平南、梧州南、郁南、南江口、云浮东、藤县、肇庆东、三水南、佛山西、奇槎、三眼桥、广州南
		南昆高速铁路	2010.11	2016.12	250	710	南宁、南宁西、隆安东、平果、田东、田东北、百色南、阳圩、广南县、珠琳、普者黑、石林西、阳宗、昆明南
		南昆铁路二线南宁一百色段	2014.12	2017.6	250	276	南宁、南宁南、隆安、平果、田阳、百色
		昆玉城际铁路	2010.5	2016.12	200	86	昆明南、化念、晋宁东、宝峰、玉溪、玉溪南
区域路段	东北地区	长珲高速铁路	2007.5	2015.9	250	471	长春、龙嘉、九台南、双吉、吉林、蛟河西、敦化、大石头南、安图西、延吉西、图们北、珲春
		沈丹高速铁路	2010.3	2015.9	300	208	沈阳新城、本溪新城、本溪、南芬北、凤城东、五龙背东、丹东
		哈佳铁路	2014.7	2018.9	200	343	哈尔滨、宾西北、宾州、宾西东、胜利镇、双龙湖、宾安、方正、得莫利、依兰、宏克力、佳木斯西、佳木斯

续表

高速铁路网	通道/地区/城市群	路段名称	开工时间	通车时间	设计速度（公里/小时）	线路里程（公里）	途经站点
		津保铁路	2010.9	2015.12	250/200	133	天津西、胜芳、霸州西、白沟、白洋淀、徐水、保定
		日兰高铁日照—曲阜段	2016.12	2019.11	350	235	日照西、厉家寨、莒南北、临沂北、费县北、蒙山、泗水南、曲阜南
		淮萧高速铁路	2014.1	2017.12	250	24.8	淮北北、萧县北
		宁启铁路复线	2010.1	2016.5	200	284	南京、扬州、江都、泰州、姜堰、海安、如皋、南通、海门、启东
区域路段	东部地区	金温铁路复线	2010.10	2015.12	200	188.8	金华南、武义北、永康南、缙云西、丽水、青田、温州南
		衡九铁路	2013.12	2017.12	200	334	九江、湖口、都昌、鄱阳、景德镇北、婺源、德兴东、开化、常山、衢州
		梅汕高速铁路	2015.4	2019.10	250	122.4	梅州西、丰顺东、建桥、备江北、揭阳、揭阳机场、潮汕
		南龙铁路	2013.12	2018.12	200	247	延平西、延平北、三明北、三明、永安南、永安西、雁石南、漳平西、龙岩、双洋
		安六高速铁路	2015.11	2020.7	250	124.4	安顺西、黄桶北、六枝南、长箐、冷坝、六盘水东、六盘水
		徐盐高速铁路	2015.12	2019.12	250	313	徐州东、观音机场、睢宁、宿迁、泗阳、淮安东、淮安、建湖、盐城

高速铁路网	通道/地区/城市群	路段名称	开工时间	通车时间	设计速度（公里/小时）	线路里程（公里）	途经站点
区域路段	东部地区	连镇高速铁路董集—淮安东段	2014.12	2019.12	250	105	连云港、董集、灌云、灌南、涟水、淮安东
		连镇高速铁路淮安—镇江段	2015.9	2020.12	250	199	淮安东、宝应、高邮北、高邮、扬州东、大港南、丹徒
		福平铁路	2013.10	2020.12	200	88.4	福州、福州南、长乐、长乐东、长乐南、平潭
	中部地区	郑阜高速铁路	2015.12	2019.12	350	281	郑州东、许昌北、鄢陵、扶沟南、西华、周口东、淮阳南、沈丘北、界首南、临泉、阜阳西
		武九高速铁路	2009.3	2017.9	250	224	武汉、花山南、左岭、鄂州东、鄂州、花湖、黄石北、大冶北、阳新、瑞昌西、庐山、九江、葛店南、华容南、白沙铺
	西部地区	怀邵衡铁路	2014.6.	2018.12	200	313.7	怀化南、安江东、洞口、隆回、邵阳西、邵阳、邵阳东、杨桥、西渡、衡阳东
		银中高速铁路吴忠—中卫段	2015.12	2019.12	250	207	吴忠、红寺堡北、中宁东、中卫南
		中川城际铁路	2012.12	2015.9	120/250	49	福利区、西固、黄羊头、兰州新区、中川机场

续表

高速铁路网	通道/地区/城市群	路段名称	开工时间	通车时间	设计速度（公里/小时）	线路里程（公里）	途经站点
城际铁路	京津冀城市群	京津城际铁路	2005.7	2008.8	350	117	北京南、亦庄、永乐、武清、天津
		津保铁路	2010.9	2015.12	200/250	158	天津西、胜芳、霸州西、白沟、白洋淀、徐水、保定
		京雄城际铁路	2018.2	2020.12	250/350	91	北京西、大兴、大兴机场、固安东、霸州北、雄安
	长三角城市群	沪宁城际铁路	2008.7	2010.7	300	301	南京南、南京、仙林、宝华山、镇江、丹徒、丹阳、常州、戚墅堰、惠山、无锡、无锡新区、苏州新区、苏州、苏州园区、阳澄湖、昆山南、华侨、安亭北、南翔北、上海虹桥、上海
		杭黄高速铁路	2014.6	2018.12	250	287	杭州东、杭州南、富阳、桐庐、建德、千岛湖、三阳、绩溪北、歙县北、黄山北
	珠三角城市群	广珠城际铁路	2005.12	2012.12	200	116	广州南、碧江、北滘、顺德、顺德学院、容桂、南头、小榄、东升、中山北、中山、前山、珠海、南朗、翠亨、珠海北、唐家湾、明珠
		广佛肇城际铁路	2009.9	2016.3	200	111	广州、佛山西、狮山、狮山北、三水北、三水南、四会、鼎湖东、端州、肇庆
		穗深城际铁路新塘—深圳机场段	2008.12	2019.12	140	76	广州东、新塘南、中堂、望牛墩、东莞西、虎门东、洪梅、东莞、厚街、虎门北、长安西、长安、沙井西、福海西、深圳机场北和深圳机场

高速铁路网	通道/地区/城市群	路段名称	开工时间	通车时间	设计速度（公里/小时）	线路里程（公里）	途经站点
城际铁路	珠三角城市群	广惠城际铁路常平东—小金口段	2009.5	2016.3	200	97	常平东、樟木头东、银瓶、沥林北、陈江南、龙丰、西湖东、云山、小金口、惠州北
		广惠城际铁路常平东—道滘段	2009.5	2017.12	200	44	常平东、昌平南、大朗镇、松山湖北、寮步、东城南、西平西、道滘
		珠机城际铁路	2014.1	2020.8	100	16.9	珠海、湾仔北、十字门、横琴北、横琴、珠海长隆
		广清城际铁路	2013.9	2020.11	200	38.2	花都、乐同、狮岭、银盏、龙塘镇、青城
	成渝城市群	成灌城际铁路	2008.10	2010.5	200	65	成都、安靖、犀浦、红光、郫县、郫县西、安德、都江堰、青城山
		成灌铁路彭州支线	2012.11	2014.4	200	21	郫县西、新民场、三道堰、马街、彭州南、步行街、彭州
		成绵乐城际铁路	2008.12	2014.12	250	314	江油、青莲、绵阳、德阳、广汉北、青白江东、新都东、成都东、双流机场、双流西、新津、眉山北、彭山东、青神、眉山、乐山东、峨眉、峨眉山
		遂成铁路	2005.6	2009.7	200	146	遂宁、大英东、积金南、淮口南、三星、潼南、下大和、石板滩、成都东
		遂渝铁路二线	2009.1	2012.12	200	131.1	遂宁、遂宁南、潼南、合川、北碚、渝沱、石子山、重庆北

续表

高速铁路网	通道/地区/城市群	路段名称	开工时间	通车时间	设计速度（公里/小时）	线路里程（公里）	途经站点
城际铁路	长江中游城市群	昌九城际铁路	2007.11	2010.9	250	135	九江、庐山、德安、共青城、永修、南昌、南昌西
		长株潭城际铁路	2010.6	2016.12	200	105	长沙西、麓谷、尖山、八方山、观沙岭、开福寺、长沙、树木岭、香樟路、湘府路、洞井、先锋、芙蓉南、暮云、九郎山、田心东、大丰、株洲南、昭山、株洲、荷塘、板塘、湘潭
		武咸城际铁路	2009.10	2013.12	200	91	武昌站、南湖东、汤逊湖、庙山、普安、纸坊东、南、土地堂东、山坡东、贺胜桥东、黄沟桥东、乌龙泉东、咸宁东、咸宁南
		武黄城际铁路	2009.3	2014.6	250	97	武汉、花山南、左岭、葛店南、鄂州、鄂州东、花湖、黄石北
		武冈城际铁路	2009.3	2014.6	200	36	武汉、花山南、左岭、葛店南、华容南、华容东、黄冈西、黄冈东
		武孝城际铁路	2009.3	2019.11	200/250	83	汉口、后湖、金银潭、天河机场、天河街、槐荫、孝感东、云梦东、毛陈、冈集
		汉宜铁路仙桃支线	2017.9	2020.12	200	16.7	大福、仙桃
		武西高速铁路云十段	2015.2	2019.11	350	377	云梦东、安陆西、随州南、随县、枣阳、襄阳东、谷城北、丹江口、武当山西、十堰东

高速铁路网	通道/地区/城市群	路段名称	开工时间	通车时间	设计速度（公里/小时）	线路里程（公里）	途经站点
城际铁路	中原城市群	郑开城际铁路	2009.12	2014.12	200	50	郑州东、贾鲁河、绿博园、运粮河、宋城路
		郑焦城际铁路	2010.8	2015.6	250	78	南阳寨、黄河景区、武陟、修武西、焦作
		郑机城际铁路	2012.8	2015.12	250	43	郑州、郑州东、南曹、孟庄、新郑机场
	哈长城市群	长吉城际铁路	2007.5	2010.12	250	112.5	长春、龙嘉、九台南、双吉、吉林
		新通高速铁路	2016.6	2018.12	250	197	新民北、彰武、甘旗卡、通辽
	黔中城市群	贵开城际铁路	2010.9	2015.5	200	62.6	贵阳北、贵阳东、洛湾三江、百宜、南江、开阳
		铜玉铁路	2013.12	2018.12	200	47.7	铜仁、朱砂古镇、大宗坪

资料来源：以上数据来自互联网百度百科，由本书作者收集整理。

第四节 河南省高速铁路规划建设状况

一、河南省高速铁路规划历程

2009 年 11 月，国家发展和改革委员会正式批复了《中原城市群城际轨道交通网规划（2009—2020 年）》，规划提出建设郑州—焦作、郑州—开封、郑州—洛阳、郑州—新郑机场—许昌—平顶山、郑州—新乡城际轨道交通，合计里程约 496 公里。远景展望城市群外围各城市间的环形联络线和延伸线，最终形成以郑州为中心、洛阳为副中心，以京广、陇海为主轴，连接城市群主要城市的"十"字加半环线的网络构架。2009～2015 年，重点实施郑州—焦作、郑州—开封、郑州—新郑机场—许昌、郑州—洛阳等线路，覆盖郑州与邻接城市交通通道上主要城镇。郑州—开封全长约 50 公里，郑州—焦作全长约 71 公里，郑州—新郑机场全长约 29 公里，郑州—洛阳全长约 145 公里，新郑机场—许昌全长约 61 公里。同时，充分利用在建客运专线和既有铁路开行主要城市间城际列车。

2011 年 9 月，《国务院关于支持河南省加快建设中原经济区的指导意见》明确提出，开工建设郑州至万州铁路，研究规划郑州至济南、郑州至太原、郑州至合肥等快速铁路通道，逐步形成促进大区域间高效连接的铁路通道网络。《中原经济区规划（2012—2020 年）》进一步强调，建设郑州至徐州、商丘至合肥至杭州、郑州至万州等铁路，规划研究郑州至济南、郑州至太原、郑州至合肥等快速铁路通道，加快构建高效连接的米字形铁路网络，米字形高速铁路网建设上升到国家战略层面。2013 年 9 月，《河南省铁路网规划研究报告（2013—2030 年）》提出规划形成以京广、徐兰高铁组成的"十"字形，辅以郑渝、郑济、郑合和郑太高铁放射线的米字形客运专线网。

2021 年 4 月，河南省发展和改革委员会印发《郑州都市圈交通一体化发展规划（2020—2035 年）》，规划指出，到 2025 年，米字形高速铁路网全面建成，轨道上的都市圈初具形态。到 2035 年，轨道交通覆盖区域内所有新兴增长中心，实现"四网融合"，建成轨道上的都市圈。全面建成米字形高速铁路网，打造以郑州为中心十向联通综合运输通道格局。完善中原城市群轨道交通布局，建成兰考至菏泽铁路，建设呼南高铁豫西通道、洛平漯周高铁等。推动轨道交通"四网融合"发展，推进干线铁路、城际铁路、市域（郊）铁路、城市轨道交通规划建设，加强一体化衔接，推动轨道交通网络、通道、枢纽融合。《河南省国民经济和社会发展第十四个五年规划和二〇三五年远景目标纲要》指出，打造多向连通的骨干运输通道，推动米字形高铁向多中心网络化发展，推进多层次轨道交通建设，打造轨道上的城市群、都市圈。

二、河南省高速铁路建设现状

2020 年，河南米字形高速铁路网大格局基本形成，京广高速铁路、徐兰高速铁路、郑合高速铁路、郑渝高速铁路（郑州至襄阳段）、郑太高速铁路全面建成通车，郑济高速铁路正在加快建设。郑开城际铁路、郑焦城际铁路、郑机城际铁路开通运营，机场至郑州南站城际铁路，郑许市域铁路加快建设，轨道上的郑州都市圈建设全面开启。河南省正在形成以高速铁路、普速铁路、高速公路、国省道等为支撑，以郑州为中心，高效衔接的米字形综合运输通道。

（一）郑西高速铁路

郑西高速铁路，是徐兰高速铁路郑西段，又称郑西客运专线，是《中长期铁路网规划》（2016 版）中"八纵八横"高速铁路主通道之一的陆桥通道的重要组成部分，是徐兰高速铁路最先开工，最先建成通车的一段，是中国中西部地区第一条投入的时速 350 公里的高铁。2005 年 9 月 25 日，郑西高速铁路正式开工，2009 年 6 月 28 日，全线铺通，2010 年 2 月 6 日，正式投入运营；2011 年 1 月 11 日，西安北站启动，2012 年 9 月 28 日，郑州东站启用，标志着郑西高速铁路全线通车。郑西高速铁路东起郑州东站，向西经洛阳、三门峡及渭南市，至西安北站，全线 523 公里，内部设联络线接入郑州站和西安站，其中，西安北至郑州站正线全长 456.6 公里，西安站到郑州站正线全长 458.2 公里，设计速度 350 公里/小时，初期运营速度 300 公里/小时。全线设站 10 座，其中，河南境内设郑州东站、郑州西站、巩义南站、洛阳龙门站、渑池南站、三门峡南站、灵宝西站共 7 座车站。郑西高速铁路通车运营，使郑州至西安列车直达最短时间由 6 个多小时缩短至 2 小时以内。

（二）郑徐高速铁路

郑徐高速铁路，是徐兰高速铁路郑徐段，又称郑徐客运专线，是《中长期铁路网规划》（2016 版）中"八纵八横"高速铁路主通道之一的陆桥通道的重要组成部分，与郑西高速铁路、西宝高速铁路和宝兰高速铁路共同构成徐兰高速铁路。2012 年

12 月 26 日，郑徐高速铁路正式开工，2016 年 9 月 10 日，郑徐高速铁路全线正式开通运营。郑徐高速铁路西起郑州东站，东至徐州东站，线路全长 362 公里，其中，河南段 252.8 公里，设计速度 350 公里/小时。郑徐高速铁路全线设站 9 座，其中河南境内设郑州东站、开封北站、兰考南站、民权北站、商丘站和永城北站共 6 座车站。郑徐高速铁路的建成通车，使郑州最快 1 小时到达徐州，4 小时内到达上海，郑州、徐州、济南、合肥、南京、上海、杭州等特大城市之间实现 4 小时直达，中原地区与长三角地区之间的时空距离大大缩短。郑徐高铁连接了我国中、东部的京广与京沪两大高速铁路干线，并连接了商杭高速铁路、郑济高速铁路与郑合高速铁路等，共同构成我国中东部地区的干线高速铁路网。

（三）石武高速铁路

石武高速铁路是京广高速铁路石武段，又称石武客运专线，是《中长期铁路网规划》（2016 版）中"八纵八横"高速铁路主通道之一的京哈－京港澳通道的重要组成部分，是一条连接石家庄、郑州与武汉的高速铁路。2008 年 10 月 15 日，石武高速铁路开工建设，2012 年 9 月 28 日，石武高铁郑州至武汉段开通，2012 年 12 月 26 日，石武高铁石家庄至郑州段正式通车，标志着石武高速铁路全线开通运营。石武高铁北起石家庄站、南至武汉站，正线全长 840.6 公里，河南段 507 公里，设计时速 350 公里。石武高速铁路全线设站 16 座，其中，客运站 15 座，河南段设站 9 座，分别是安阳东站、鹤壁东站、新乡东站、郑州东站、许昌东站、漯河西站、驻马店西站、明港东站和信阳东站。石武高速铁路与京石高速铁路、武广高速铁路构成与既有京广铁路并行的，纵贯我国南北、线路最长、辐射范围最广、具有世界一流水平的大能力快速客运通道，从根本上缓解京广铁路大动脉运输紧张的状况，把我国经济最活跃的京津冀地区、中原城市群、武汉城市圈、粤港澳大湾区和广大中部地区更加紧密地连接在一起，实现要素加速流动，促进北、中、南部区域协调发展。

（四）郑渝高速铁路

郑渝铁路又称郑渝客运专线，是一条连接郑州与重庆的高速铁路。2012 年 12 月，郑渝高速铁路万渝段正式开工，标志着郑渝高速铁路正式开工，2015 年 10 月 3 日，郑渝高速铁路河南段开工，2016 年 11 月 28 日，郑渝高速铁路万渝段开通运营，2019 年 12 月 1 日，郑渝高速铁路郑襄段开通运营。郑渝高速铁路由郑万段（郑襄段和襄万段）和万渝段构成，其中郑万段由郑州东站至万州北站，线路全长 818 公里，设站 18 座，设计速度 350 公里/小时；万渝段由万州北站至重庆北站，全长 245 公里，设站 7 座，设计速度 250 公里/小时。郑渝高速铁路的郑襄段共设站 10 座，其中，河南段有郑州东站、郑州南站、长葛北站、禹州站、郏县站、平顶山西站、方城站、南阳东站、邓州东站共 9 座。郑渝高速铁路建设将与京广高速铁路、徐兰高速铁路和兰渝铁路有效贯通，极大缩短西南地区与华中、华北和东北地区的时空距离，重庆到北京只需 8 个小时。而郑渝高速铁路河南段的开通标志着豫西南地区正式进入高铁时代，南阳和平顶山进入郑州两小时交通圈的范围，对豫西南地区社会经济发展和居民出行具有重大意义。

（五）郑合高速铁路

郑合高速铁路是一条连接中原与江淮地区及长三角地区的高速铁路，是河南米字形高速铁路网的重要组成部分。2015 年 10

月28日，国家发展和改革委员会批复关于新建郑州至周口至阜阳铁路的可行性研究报告，2015年12月24日，郑合高铁郑州至阜阳段开工，2019年12月1日，郑合高速铁路郑州至阜阳段建成运营。郑合高速铁路由郑州—阜阳段、阜阳—合肥段组成，其中，阜阳—合肥段与商合杭高速铁路共线；自郑州东站至合肥北站，线路全长497.7公里，设计速度350公里/小时。郑合高速铁路的郑州—阜阳段，线路全长277公里，设站11座，其中，河南段有郑州东站、许昌北站、鄢陵站、扶沟南站、西华站、周口东站、淮阳南站、沈丘北站共8座车站。郑合高速铁路可与京广高铁、商合高铁、郑渝高铁、徐兰高铁无缝对接，对提升郑州、合肥的铁路枢纽地位和周口、阜阳的铁路交通区位优势具有重要意义。郑合高速铁路结束了豫东地区无高铁的历史，形成了中原地区前往华东沿海地区的便捷通道，把中原城市群地区和皖江城市带、长三角地区有效联系在一起，同时也是西北地区通往华东地区的又一条快速通道。

（六）郑太高速铁路

郑太高速铁路又称郑太客运专线，是《中长期铁路网规划》（2016版）中"八纵八横"高速铁路主通道之一的"呼南通道"的重要组成部分，是连接河南郑州和山西太原的高速铁路。2009年12月29日，郑太高速铁路郑焦段正式开工，2015年6月26日，郑太高速铁路郑焦段开通运营，2016年6月16日，郑太高速铁路焦太段开工，2020年12月12日，郑太高速铁路焦太段开通运营标志着郑太高速铁路全线建成通车。郑太高速铁路由郑州—焦作段（郑焦城际铁路）、太原—焦作段组成，线路全长420公里，设计行车速度250公里/小时。郑太高速铁路全线设站17座，其中，河南段有南阳寨站、黄河风景区站、武陟站、修武西站、焦作站、焦作西站共 6 座。郑太高速铁路连接中原城市群和太原中部城市群，形成了华北地区南北向又一重要通道，大幅度缩短晋东南、蒙西等地与中部地区和华东地区的时空距离，对方便居民出行和加强沿线地区的经济联系具有重要意义。

（七）　郑济高速铁路

郑济高速铁路又称郑济客运专线，是《中长期铁路网规划》（2016 版）中"八纵八横"高速铁路的区域连接线，是河南省米字形高铁网的重要组成部分和山东省"三横三纵"综合运输通道的组成部分。2016 年 10 月 29 日，郑济高速铁路河南段正式开工建设，2020 年 6 月 18 日山东段开工，预计 2022 年上半年郑州至濮阳段建成通车。郑济高速铁路自郑州东站至济南西站，由郑州—濮阳段和濮阳—济南段组成，线路全长 380 公里，设计速度 350 公里/小时。郑济高速铁路全线设站 13 座，其中，河南段有郑州东站、新乡南站（平原新区站）、新乡东站、卫辉南站、滑浚站、内黄站、濮阳东站和南乐站共 8 座。虽然郑州与济南直线距离 377 公里左右，但长期以来两地间的铁路客运交通需绕道徐州，非常不方便，而郑济高速铁路的建设将有效改善两地通行效率低下的状况，郑州至济南铁路旅行时间缩短到 2 小时以内。作为国家干线网络的主要连接线，郑济高速铁路将在郑州连接京广高铁、郑西高铁、郑徐高铁、郑渝高铁、郑合高铁、郑太高铁，在济南西与京沪高铁、胶济高铁、石济高铁相接，在济南东与济青高铁、济莱高铁、济滨城际和济泰城际铁路相连接等。郑济高速铁路建设有利于强化中原城市群与山东半岛城市群间的联系，也有利于提升西北地区、西南地区与山东半岛和环渤海地区间的通行便捷性。

（八）省内城际铁路

河南省内建成通车的城际铁路主要有郑开城际铁路、郑焦城际铁路、郑机城际铁路等。郑开城际铁路是连接郑州与开封的城际铁路，是中原城市群轨道交通的主要组成部分。2010年9月，郑开城际铁路正式开工，2014年12月28日郑开城际铁路建成通车。郑开城际铁路由郑州东站至宋城路站，正线全长49.97公里，设计速度200公里/小时。全线设站5座，分别是郑州东站、贾鲁河站、绿博园站、运粮河站和宋城路站。郑开城际铁路建成运营对郑汴一体化发展具有重要支撑作用。郑焦城际铁路是郑太客运专线郑焦段，2009年12月29日，郑焦城际铁路开工建设，2015年6月26日，郑焦城际铁路正式开通运营。郑焦城际铁路由郑州站至焦作站，全长70.26公里，设计速度250公里/小时。全线设站6座，分别是郑州站、南阳寨站、黄河风景区站、武陟站、修武西站和焦作站。郑焦城际铁路有利于提升焦作市的交通区位优势，加强焦作与中原城市群的城市间联系，同时也有利于缩短豫西北地区与京津冀环渤海地区、长三角和粤港澳地区之间的时空距离。郑机城际铁路是连接郑州东站与新郑国际机场的城际铁路，2012年8月8日，郑机城际铁路开工建设，2015年12月31日，郑机城际铁路郑州东至新郑机场段开通运营，2020年12月31日，郑机城际铁路新郑机场至郑州南段开通运营。郑机城际铁路由郑州东站至郑州南站，全长39.3公里，设计速度200公里/小时。郑机城际铁路全线设站5座，分别是郑州东站、南曹站、孟庄站、新郑机场站和郑州南站。郑机城际开通运营，有利于进一步巩固和提升郑州综合交通枢纽地位，同时也有利于加强豫西北地区与豫西南和豫东地区间的联系。

京广高速铁路和徐兰高速铁路构成的"十"字形骨架贯通南

北、连接东西，郑渝高速铁路连接重庆，延伸至成都、昆明和贵阳等，郑合高速铁路可延伸至杭州、福州等地，郑太高速铁路可延伸至银川、呼和浩特，郑济高速铁路可延伸至京津冀、青岛等地，届时，河南省将形成省内 1 小时、中部地区 3 小时、全国主要大中城市 8 小时的交通通行圈。河南省高速铁路的建设，叠加省内城际铁路、市域铁路和城市市政轨道交通的"四网"融合发展将对区域产生显著的时空压缩效应、产业集聚效应、网络关联效应、空间结构效应和区域一体化效应，对于改善沿线地区的交通便捷性，尤其是平顶山、南阳等豫西南地区的出行条件，以及豫东传统农区的交通条件具有显著的推进作用（见表 3－9）。对加强省内外地区之间的经济往来具有重要的潜在影响，对优化区域空间结构，促进中原城市群、郑州都市圈交通一体化发展具有重要影响，接下来将围绕这些问题展开讨论。

表 3－9　　　　2020 年河南省内开通运营高速铁路及城际铁路

类型	线路名称	开工时间	通车时间	设计速度（公里/小时）	河南段途经站点
干线铁路	郑西高速铁路	2005.9	2010.2	350	郑州东、郑州西、巩义南、洛阳龙门、渑池南、三门峡南、灵宝西
	郑徐高速铁路	2012.12	2016.9	350	郑州东、开封北、兰考南、民权北、商丘和永城北
	石武高速铁路	2008.10	2012.9	350	安阳东、鹤壁东、新乡东、郑州东、许昌东、漯河西、驻马店西、明港东、信阳东
	郑渝高速铁路	2015.10	2019.12	350	郑州东、郑州南、长葛北、禹州、郏县、平顶山西、方城、南阳东、邓州东

类型	线路名称	开工时间	通车时间	设计速度 （公里/小时）	河南段途经站点
干线铁路	郑合高速铁路	2015.12	2019.12	350	郑州东、许昌北、鄢陵、扶沟南、西华、周口东、淮阳南、沈丘北
	郑太高速铁路	2016.10	2020.12	250	郑州、南阳寨、黄河风景区、武陟、修武西、焦作、焦作西
	郑济高速铁路	2016.10	预计2022	350	郑州东、新乡南（平原新区站）、新乡东、卫辉南、滑浚、内黄、濮阳、南乐
城际铁路	郑开城际铁路	2010.9	2014.12	200	郑州东、贾鲁河、绿博园、运粮河和宋城
	郑焦城际铁路	2009.12	2015.6	250	南阳寨、黄河风景区、武陟、修武西、焦作、焦作西
	郑机城际铁路	2012.8	2015.12	200	郑州东、南曹、孟庄、新郑机场和郑州南

资料来源：表中数据源自互联网百度百科，由本书作者收集整理。

| 第四章 |

高速铁路建设的时空压缩效应

第一节 可达性及其测算方法

一、可达性内涵

关于可达性的内涵一般认为可达性是借助某种交通系统从给定区位到达活动地点的便捷程度。起点、终点和交通系统是可达性的三个要素。可达性衡量特定的起点和终点之间的关系，并且端点之间的某种交通系统为连接工具（李平华等，2005）。交通可达性的度量受到出发点、目的地、交通成本、交通方式、空间范围、交通类型等因素的影响。其中，交通成本不仅是费用，还包括旅行时间、里程、风险和舒适度等方面，其大小可采用交通里程、旅行时间、旅行费用等单个或多个指标综合衡量，其中旅行时间是交通运输中基本的阻抗因素，交通成本在很大程度上依赖于旅行时间的长短，旅行时间是交通耗时长短或交通便捷程度的常用度量指标，即时间可达性。在可达性评价中，所采用的交通系统类型、距离度量指标对可达性评价结果影响很大。高速铁路的发展极大地压缩了地区间的时间距离，"时空收敛"效应日趋凸显，创造出更多交通区位优势，大幅度提高日常可达性，深刻改变人们的生产与生活方式，有利于在更大范围内实现资源的优化配置，增强中心城市对周边区域经济社会发展的辐射力，扩大中心城市的腹地范围，并将促使城市获得更多的发展机会。接下来就对高速铁路的时间可达性进行刻画和评价。

二、可达性测算方法

（一）平均旅行时间

平均旅行时间可以从一定程度上反映某个城市与其他城市间的可达性，平均旅行时间的数学表达式为：

$$B_i = \frac{1}{n} \sum_{j=1}^{n} T_{ij} \qquad (4-1)$$

式（4-1）中，B_i 为城市节点 i 的平均旅行时间，B_i 值越小，表示节点的可达性越好；n 为除 i 点以外的节点总数；T_{ij} 为节点 i 到节点 j 的最短旅行时间。

（二）加权平均旅行时间

可达性反映了特定空间范围内某城市与其他城市之间相互作用与联系的难易程度。由于社会经济发展水平的高低影响着人员的移动能力和移动意愿，因此可达性不仅与空间区位和交通基础设施有关，而且与地区经济发展水平和城市规模有密切关系。考虑到节点规模和经济发展水平对可达性的影响，采用加权平均旅行时间指标来评价区域可达性水平。加权平均旅行时间表达式为（李平华等，2005）：

$$A_i = \sum_{j=1}^{n} (T_{ij} \times M_j) / \sum_{j=1}^{n} M_j \qquad (4-2)$$

式（4-2）中，A_i 为城市节点 i 的加权平均旅行时间，其中 A_i 值越小，表示节点的可达性越好；n 为除 i 点以外的节点总数；T_{ij} 为节点 i 到节点 j 的最短旅行时间；M_j 为节点 j 的权重，反映节点规模对人们移动意愿的影响程度，可以是人口规模或地区生产总值，这里采用城市的人口规模和地区生产总值的几何平均值作为权重，即 $M_j = \sqrt{P_j G_j}$，P_j 为 j 地区人口数，G_j 为 j 地区的 GDP 总量。

（三）相对可达性指数

为使加权平均旅行时间指标在各节点间更具可比性，采用可达性系数对其进行归一化处理，以便更好地反映各节点可达性水平的相对高低。可达性系数为节点可达性值与网络内所有节点可达性平均值之比，表达式为：

$$A_i' = A_i / (\sum_{i=1}^{n} A_i / n) \qquad (4-3)$$

式（4-3）中，A_i' 为 i 节点的可达性系数；A_i 为节点 i 的可达性值；n 为节点的个数。A_i' 值越大，表示节点 i 可达性越差；$A_i' > 1$ 说明该点可达性水平低于区域内平均水平；$A_i' < 1$ 说明该点的可达性优于区域内平均水平。

三、数据来源说明

书中所采用的城市间铁路旅行时间数据分别由石开旅行时刻

表（数据更新时间为 2008 年 10 月 14 日）和盛名时刻表（数据更新时间为 2020 年 9 月 1 日）查询获得。查询遵循以下原则：（1）若两城市间有直通列车，则取直通列车运行时间，若两城市间无直通列车，则取两城市间通过一次中转的最短时间；（2）城市间交通时间取所有列车班次中最小旅行时间；（3）若两城市间无直通列车，省内城市间按最短旅行时间原则选择中转站获得两城市间的最短旅行时间，与省外城市间无直通列车时选择郑州为中转站获得与省外城市间的最短旅行时间；（4）2020 年全国共有地级以上城市 295 个，包括直辖市 4 个，副省级城市 15 个和地级市 276 个，考虑到数据的可获得性和研究年份的可比性，省外城市取 2008 年与郑州有直通列车的 145 个城市。

第二节　省内可达性及改善状况

一、省内平均旅行时间

根据获取的 2008 年和 2020 年全省城市间铁路客运最短旅行时间数据结合平均旅行时间公式对河南城市的省内平均旅行时间进行测算（见表 4-1），得到以下几点认识：

表 4-1　2008 年和 2020 年河南城市省内平均旅行时间及变化

城市	2008 年（小时）	2020 年（小时）	变化幅度（小时）	变化率（%）
郑州	1.80	0.70	-1.10	-61.11
开封	2.77	1.18	-1.59	-57.40

城市	2008 年（小时）	2020 年（小时）	变化幅度（小时）	变化率（%）
洛阳	2.90	1.51	− 1.39	− 47.93
平顶山	3.27	1.80	− 1.47	− 44.95
安阳	3.16	1.47	− 1.69	− 53.48
鹤壁	3.29	1.28	− 2.01	− 61.09
新乡	2.63	1.09	− 1.54	− 58.56
焦作	3.45	1.81	− 1.64	− 47.54
许昌	2.18	1.20	− 0.98	− 44.95
漯河	2.19	1.14	− 1.05	− 47.95
三门峡	4.42	1.96	− 2.46	− 55.66
南阳	4.76	2.77	− 1.99	− 41.81
商丘	4.33	1.69	− 2.64	− 60.97
信阳	3.37	1.88	− 1.49	− 44.21
周口	3.44	1.57	− 1.87	− 54.36
驻马店	2.57	1.37	− 1.20	− 46.69

（1）省内平均旅行时间总体上获得了一定幅度的改善。2008年 16 个城市（不包括濮阳市、济源市）的省内平均旅行时间为 3.16 小时，2020 年 16 个城市的省内平均旅行时间降至 1.53 小时，全省各城市平均旅行时间的平均改善幅度为 1.63 小时，变化率为 51.66%。

（2）铁路干线沿线城市的省内平均旅行时间较小。2008 年，省内平均旅行时间较小的前五位的城市均为铁路干线城市，位于国家干线铁路京广铁路沿线的郑州、许昌、漯河、驻马店和新乡的省内平均旅行时间在 2.63 小时以内，省内平均旅行时间较大的后五位城市中南阳、焦作和周口 3 市均为非干线沿线城市，平均旅行时间在 3.44 小时以上。2020 年，省内平均旅行时间较小的五位城市中郑州、新乡、漯河和许昌为京广高铁沿线城市，开封为郑西高铁沿线城市，平均旅行时间在 1.18 小时以内，平均旅行时间较大的平顶山、焦作、信阳、三门峡和南阳等城市，平均旅行时间在 1.80 小时以上。

（3）省域边界地区和高铁沿线城市平均旅行时间改善幅度较大。平均旅行时间改善幅度位居前五位的城市变化幅度都在 1.87 小时以上，其中，商丘、三门峡、南阳和周口为省域边界地市，鹤壁为高速铁路客运专线沿线城市，从变化率来看这些城市的平均旅行时间变化率也较高，都在 40% 以上，较高的商丘达到 61%。焦作、平顶山等地市的平均旅行时间也有较大幅度的增加，这是由于郑焦城际铁路，郑襄、郑阜高速铁路的开通，大幅度地提升了周口、南阳、焦作等城市的交通区位优势，极大地加强了与省内其他地市间交通往来的便捷性。

二、省内加权平均旅行时间

考虑到城市规模和城市经济发展水平作为城市吸引力因素对人们出行和移动意愿影响，采用加权平均旅行时间模型对各城市的加权平均旅行时间进行测算（见表 4-2），得到以下几点认识：

（1）省内加权平均旅行时间总体上也获得了较大幅度的改善。2008 年 16 个城市的省内加权平均旅行时间为 2.96 小时，2020 年 16 城市的省内加权平均旅行时间降至 1.35 小时，全省各城市加权平均旅行时间的平均改善幅度为 1.61 小时，变化率为 54.55%。

（2）与平均旅行时间相对应，干线沿线城市的省内加权平均旅行时间较小，可达性水平较优。2008 年省内加权平均旅行时间较小的前五位的城市均为铁路干线沿线城市，位于国家干线铁路京广铁路和京港澳通道沿线的郑州、许昌、漯河、驻马店和新乡的省内加权平均旅行时间在 2.42 小时以内，省内加权平均旅行时间较大的后五位城市中南阳、周口和焦作 3 市均为非干线沿线城市，平均旅行时间在 3.30 小时以上。2020 年省内加权平均旅行时间较小的前五位城市中郑州、新乡、漯河和许昌为京港澳通道沿线城市，开封为陆桥通道沿线城市，加权平均旅行时间在 1.10 小时以内，加权平均旅行时间较大的南阳、信阳、三门峡、焦作和平顶山等城市，加权平均旅行时间在 2.50 小时以内。

表 4 - 2　　　2008 年和 2020 年河南城市省内加权平均旅行时间及变化

城市	2008 年（小时）	2020 年（小时）	变化幅度（小时）	变化率（%）
郑州	1.83	0.69	- 1.14	- 62.30
开封	2.44	0.97	- 1.47	- 60.25
洛阳	2.71	1.33	- 1.38	- 50.92
平顶山	3.12	1.51	- 1.61	- 51.60
安阳	2.99	1.31	- 1.68	- 56.19
鹤壁	3.04	1.09	- 1.95	- 64.14
新乡	2.42	0.94	- 1.48	- 61.16
焦作	3.30	1.63	- 1.67	- 50.61
许昌	1.98	1.09	- 0.88	- 44.67
漯河	2.05	1.06	- 0.99	- 48.29
三门峡	4.03	1.67	- 2.36	- 58.56
南阳	4.60	2.49	- 2.11	- 45.87
商丘	3.93	1.45	- 2.48	- 63.10
信阳	3.18	1.68	- 1.50	- 47.17
周口	3.35	1.40	- 1.95	- 58.21
驻马店	2.38	1.21	- 1.17	- 49.16

（3）高速铁路的开通使省域边界城市的加权平均旅行时间改

善幅度较大。加权平均旅行时间变化幅度位居前五的城市，变化幅度都在 1.90 小时以上，其中，商丘、三门峡、南阳和周口等为省域边界城市，鹤壁为京港澳通道沿线城市，从变化率来看这些城市的平均旅行时间变化率也较高，都在 45% 以上，最高的鹤壁达到 64.14%。许昌、漯河等城市的平均旅行时间增加幅度较小，在 1 小时以内，主要在于这些城市与省内其他城市开通的直通高铁班次还比较少。郑州在研究初期其可达性水平就位居全省首位，研究期间加权平均旅行时间变化幅度也相对较小。

总之，基于铁路客运系统的河南城市交通可达性呈现出明显的"十"字形空间布局，京广铁路和京哈京港澳通道河南段，陇海铁路和陆桥通道河南段的沿线城市可达性较好，沿纵横铁路干线和高铁通道向外可达性水平降低，边界城市可达性较差。主要在于位于河南省边界地区的城市，受地理位置的天然约束，与中心区位主要城市的空间距离较大，平均旅行时间和加权平均旅行时间较高。然而，研究期间边界城市可达性改善幅度较大，一方面在于边界城市的铁路交通基础水平落后，研究初期可达性水平较差；另一方面随着郑合高速铁路、郑渝高速铁路郑襄段的开通，大幅度压缩了南阳、周口等城市与郑州的最短旅行时间，提升了这些城市的铁路交通可达性水平。

三、相对可达性指数

相对可达性指数能衡量各城市可达性水平在全部城市中相对地位的高低，相对可达性指数越小表明城市的可达性水平越优，相对可达性指数越大表明城市的可达性水平越差，相对可达性指数小于 1 表明城市的可达性水平优于区域平均水平，相对可达性指数大于 1 表明城市可达性水平低于区域平均水平。由 2008 年和 2020 年河南城市省内相对可达性指数来看（见表 4 - 3），2008 年 7 个城市的相对可达性指数小于 1，最小的郑州市为 0.62，是全省城市中省内可达性水平最高的城市；最大的南阳市为 1.56，是全省城市中省内可达性水平最差的城市。截至 2020 年，相对可达性指数小于 1 的城市增至 9 个，郑州市相对可达性指数减小至 0.51，而最大的南阳市的相对可达性指数增大到 1.85，南阳市的省内可达性水平在提升的过程中与全省平均水平的差距却在拉大。

表 4 - 3　　2008 年和 2020 年河南城市省内相对可达性指数

城市	2008 年	2020 年	城市	2008 年	2020 年
郑州	0.62	0.51	许昌	0.67	0.81
开封	0.82	0.72	漯河	0.69	0.79
洛阳	0.92	0.99	三门峡	1.36	1.24
平顶山	1.06	1.12	南阳	1.56	1.85
安阳	1.01	0.97	商丘	1.33	1.08
鹤壁	1.03	0.81	信阳	1.07	1.25
新乡	0.82	0.70	周口	1.13	1.04
焦作	1.12	1.21	驻马店	0.80	0.90

第三节　省际可达性及改善状况

一、省际平均旅行时间

省际平均旅行时间总体上获得了较大幅度的改善。2008 年

16 个城市（不包括濮阳市、济源市）的省际平均旅行时间为 15.36 小时，2020 年 16 个城市的省际平均旅行时间降至 8.79 小时，全省各城市省际平均旅行时间的改善幅度为 6.57 小时，变化率为 42.77%。

高铁干线沿线城市或省域边界城市的省际平均旅行时间较小。2008 年，省际平均旅行时间较小的前五位的城市中，位于干线铁路京广铁路和京港澳通道沿线的有郑州、开封、驻马店，商丘和信阳为省域边界城市，其省际平均旅行时间在 14.70 小时以内，省际平均旅行时间较大的后五位城市中除三门峡外，南阳、周口、平顶山和焦作均为非干线铁路沿线城市，平均旅行时间在 16.10 小时以上。2020 年，省际平均旅行时间较小的五位城市中郑州、驻马店、信阳、安阳和许昌均为京港澳通道沿线城市，省际平均旅行时间降至 7.80 小时以内，省际平均旅行时间较大的南阳、开封和三门峡降至 12.80 小时以内，平顶山和周口等城市因高速铁路的开通，省际平均旅行时间降至 9.60 小时以内（见表 4 – 4）。

表 4 – 4   2008 年和 2020 年河南城市省际平均旅行时间及变化

城市	2008 年（小时）	2020 年（小时）	幅度（小时）	增长率（%）
郑州	13.37	6.71	– 6.66	– 49.81
开封	14.06	10.13	– 3.93	– 27.95
洛阳	15.53	9.05	– 6.48	– 41.73
平顶山	16.93	9.55	– 7.38	– 43.59
安阳	15.21	7.80	– 7.41	– 48.72
鹤壁	15.98	8.03	– 7.95	– 49.75
新乡	15.02	8.06	– 6.96	– 46.34
焦作	16.06	9.31	– 6.75	– 42.03

续表

城市	2008 年（小时）	2020 年（小时）	幅度（小时）	增长率（%）
许昌	14.83	7.80	− 7.03	− 47.40
漯河	14.79	8.44	− 6.35	− 42.93
三门峡	16.79	10.12	− 6.67	− 39.73
南阳	17.09	12.73	− 4.36	− 25.51
商丘	14.22	9.11	− 5.11	− 35.94
信阳	14.26	7.77	− 6.49	− 45.51
周口	16.96	8.49	− 8.47	− 49.94
驻马店	14.65	7.47	− 7.18	− 49.01

高铁干线沿线城市和新开通高铁城市的省际平均旅行时间改善幅度较大。省际平均旅行时间变化幅度位居前五位城市的变化幅度都在 7.20 小时以上，其中，鹤壁、安阳和驻马店为高速铁路主通道沿线城市，从变化率来看这些城市省际平均旅行时间变化率也较高，都在 48.72% 以上，最高的鹤壁达到 49.75%。周口和平顶山为新开通高铁城市，其改善幅度也比较高，尤其是周口的省际平均旅行时间改善幅度居全省首位，达 8.47 小时。开封、南阳和商丘等城市的省际平均旅行时间变化幅度相对较小，在 5.11 小时以内，最低的开封，省际平均旅行时间改善幅度为 3.93 小时。

二、省际加权平均旅行时间

省际加权平均旅行时间总体上也获得了较大幅度的改善。2008 年 16 个城市（不包括濮阳市、济源市）的省际加权平均旅行时间为 14.64 小时，到 2020 年 16 个城市的省际加权平均旅行时间降至 7.90 小时，全省各城市加权平均旅行时间的平均改善幅度为 6.74 小时，变化率为 46.04%。

国家高铁主通道沿线城市的省际加权平均旅行时间较低。2008 年，省际加权平均旅行时间较低的前五位城市中，除郑州外，位于京港澳主通道的有许昌和信阳，位于陆桥通道有商丘和开封，其省际加权平均旅行时间在 13.90 小时以内，省际加权平均旅行时间较大的后五位城市中南阳、平顶山为非干线沿线城市，加权平均旅行时间在 16.20 小时以上。2020 年，省际加权平均旅行时间位居前五位的城市均为京港澳通道沿线城市，郑州、驻马店、安阳、新乡和鹤壁的省际加权平均旅行时间在 6.80 小时以内，省际加权平均旅行时间较大的南阳、平顶山和开封等城市，加权平均旅行时间在 12.50 小时以内，与 2008 年相比也获得了较大幅的改善（见表 4-5）。

表 4-5　　2008 年和 2020 年河南城市省际加权平均旅行时间及变化

城市	2008 年（小时）	2020 年（小时）	幅度（小时）	增长率（%）
郑州	12.50	5.60	-6.90	-55.20
开封	13.42	9.10	-4.32	-32.19
洛阳	15.48	7.30	-8.18	-52.84
平顶山	16.11	9.78	-6.33	-39.29
安阳	14.19	6.69	-7.50	-52.85
鹤壁	15.49	6.74	-8.75	-56.49
新乡	14.15	6.71	-7.44	-52.58
焦作	14.71	8.95	-5.76	-39.16
许昌	13.84	7.37	-6.47	-46.75
漯河	14.25	8.09	-6.16	-43.23
三门峡	16.71	8.38	-8.33	-49.85
南阳	16.82	12.42	-4.40	-26.16
商丘	13.13	7.35	-5.78	-44.02

城市	2008 年（小时）	2020 年（小时）	幅度（小时）	增长率（%）
信阳	13.84	7.69	-6.15	-44.44
周口	15.43	7.76	-7.67	-49.71
驻马店	14.07	6.41	-7.66	-54.44

　　高速铁路主通道沿线城市的加权平均旅行时间改善幅度较大。省际加权平均旅行时间变化幅度前五位的城市中，鹤壁、三门峡、洛阳和驻马店等均为高速铁路主通道沿线城市，其改善幅度都在 7.50 小时以上，从变化率来看这些城市的平均旅行时间变化率也较高，都在 49% 以上，最高的鹤壁为 56.49%。尤其需要指出的是，由于郑合高速铁路的开通，周口市的省际加权平均旅行时间获得了明显的改善，省际加权平均旅行时间改善幅度达 7.67 小时。开封、南阳、焦作和商丘等城市的省际加权平均旅行时间改善幅度在 6 小时以内，虽然这些城市也已建成通车高速铁路，但开通运营的高铁班次相对较少，仍以普速铁路客运列车与省外城市开展客运交通往来，与省外的铁路客运可达性改善程度相对省内其他城市较低。

三、相对可达性指数

　　从 2008 年和 2020 年河南城市省际相对可达性指数来看（见表 4-6），2008 年 9 个城市的相对可达性指数小于 1，最小的郑州市为 0.85，是全省城市中省际可达性水平最高的城市，最大的南阳市为 1.15，是全省城市中省际可达性水平最差的城市。至 2020 年，郑州市相对可达性指数减小至 0.71，而最大的南阳市的相对可达性指数增大到 1.57，反映郑州市的省际可达性水平改善幅度高于各城市平均水平，而南阳市的省际可达性水平在获得较大程度的改善的同时，与各城市平均水平的差距在拉大。

表 4 - 6　　2008 年和 2020 年河南城市省际相对可达性指数

城市	2008 年	2020 年	城市	2008 年	2020 年
郑州	0.85	0.71	许昌	0.95	0.93
开封	0.92	1.15	漯河	0.97	1.02
洛阳	1.06	0.92	三门峡	1.14	1.06
平顶山	1.10	1.24	南阳	1.15	1.57
安阳	0.97	0.85	商丘	0.90	0.93
鹤壁	1.06	0.85	信阳	0.95	0.97
新乡	0.97	0.85	周口	1.05	0.98
焦作	1.01	1.13	驻马店	0.96	0.81

第四节　与全国主要城市群的可达性

一、城市群及战略意义

城市群是指在特定地域范围内，一般以 1 个以上特大城市为核心，由至少 3 个大城市为构成单元，依托发达的交通、通信等基础设施网络所形成的空间组织紧凑、经济联系紧密、并最终实现高度同城化和高度一体化的城市群体。

2006 年 3 月，国务院发布《中华人民共和国国民经济和社会发展第十一个五年规划纲要》指出，要把城市群作为推进城镇化的主体形态，逐步形成以沿海及京广、京哈线为纵轴，长江及陇海线为横轴，若干城市群为主体，其他城市和小城镇点状分布，永久耕地和生态功能区相间隔，高效协调可持续的城镇化空间格局。已形成城市群发展格局的京津冀、长江三角洲和珠江三角洲等区域，要继续发挥辐射和带动作用，加强城市群内各城市的分工协作和优势互补，增强城市群的整体竞争力。具备城市群发展条件的区域，要加强统筹规划，以特大城市和大城市为龙头，发挥中心城市作用，形成若干用地少、就业多、要素集聚能力强、人口分布合理的新城市群。

2011 年 3 月，国务院发布《中华人民共和国国民经济和社会发展第十二个五年规划纲要》指出，遵循城市发展客观规律，以大城市为依托，以中小城市为重点，逐步形成辐射作用大的城市群，促进大中小城市和小城镇协调发展。构建以陆桥通道、沿长江通道为两条横轴，以沿海、京哈京广、包昆通道为三条纵轴，以轴线上若干城市群为依托、其他城市化地区和城市为重要组成部分的城市化战略格局，促进经济增长和市场空间由东向西、由南向北拓展。在东部地区逐步打造更具国际竞争力的城市群，在中西部有条件的地区培育壮大若干城市群。科学规划城市群内各城市功能定位和产业布局，缓解特大城市中心城区压力，强化中小城市产业功能，增强小城镇公共服务和居住功能，推进大中小城市基础设施一体化建设和网络化发展。积极挖掘现有中小城市发展潜力，优先发展区位优势明显、资源环境承载能力较强的中小城市。有重点地发展小城镇，把有条件的东部地区中心镇、中西部地区县城和重要边境口岸逐步发展成为中小城市。

2016 年 3 月，国务院发布《中华人民共和国国民经济和社会发展第十三个五年规划纲要》指出，加快构建以陆桥通道、沿长江通道为横轴，以沿海、京哈京广、包昆通道为纵轴，大中小城市和小城镇合理分布、协调发展的"两横三纵"城市化战略格局。优化提升东部地区城市群，建设京津冀、长三角、珠三角世界级城市群，提升山东半岛、海峡西岸城市群开放竞争水平。培育中西部地区城市群，发展壮大东北地区、中原地区、长江中游、成渝地区、关中平原城市群，规划引导北部湾、山西中部、呼包鄂榆、黔中、滇中、兰州—西宁、宁夏沿黄、天山北坡城市群发展，形成更多支撑区域发展的增长极。促进以拉萨为中心、以喀什为中心的城市圈发展。建立健全城市群发展协调机制，推动跨区域城市间产业分工、基础设施、生态保护、环境治理等协调联动，实现城市群一体化高效发展。增强中心城市辐射带动功能，加快发展中小城市和特色镇。

2021 年 3 月，国务院发布《中华人民共和国国民经济和社会发展第十四个五年规划和 2035 年远景目标纲要》指出，发展壮大城市群和都市圈，分类引导大中小城市发展方向和建设重点，形成疏密有致、分工协作、功能完善的城镇化空间格局。推动城市群一体化发展。以促进城市群发展为抓手，全面形成"两横三纵"城镇化战略格局。优化提升京津冀、长三角、珠三角、成渝、长江中游等城市群，发展壮大山东半岛、粤闽浙沿海、中原、关中平原、北部湾等城市群，培育发展哈长、辽中南、山西中部、黔中、滇中、呼包鄂榆、兰州—西宁、宁夏沿黄、天山北坡等城市群。建立健全城市群一体化协调发展机制和成本共担、利益共享机制，统筹推进基础设施协调布局、产业分工协作、公共服务共享、生态共建、环境共治。优化城市群内部结构，构筑生态和安全屏障，形成多中心、多层级、多节点的网络型城市群。

城市群作为中观尺度的典型区域，是国家新型城镇化最重要的空间组织路径（方创琳，2014），在助推城镇化进程和引领区域发展方面发挥着至关重要的作用。国家宏观战略层面上已把城市群作为全国推进城镇化进程和优化城镇化格局与形态的主要载体、城市群区域城镇化和城市区域化以及参与区域经济竞争的主体。对于河南而言，中原城市群是国家重点建设的城市群之一，是河南省工业化和城镇化的核心主体，必须强化与全国其他主要城市群的社会经济联系。

二、国家级城市群

截至 2017 年 3 月，已形成长江三角洲、珠江三角洲、京津冀、中原、长江中游、成渝、哈长、辽中南、山东半岛、海峡西岸、北部湾和关中平原城市群共 12 个国家级城市群。截至 2018 年 2 月，国务院先后批复了 9 个国家级城市群的发展规划（见表 4 - 7）。

表 4 - 7　　　　　　　　国家级城市群规划及批复情况

城市群名称	批复时间	印发时间	国务院批复和国家发展和改革委员会印发的文件
长江中游城市群	2015 年 3 月 26 日	2015 年 4 月 13 日	《国务院关于长江中游城市群发展规划的批复》《国家发展改革委关于印发长江中游城市群发展规划的通知》
哈长城市群	2016 年 2 月 23 日	2016 年 3 月 7 日	《国务院关于哈长城市群发展规划的批复》《国家发展改革委关于印发哈长城市群发展规划的通知》
成渝城市群	2016 年 4 月 12 日	2016 年 4 月 27 日	《国务院关于成渝城市群发展规划的批复》《国家发展改革委住房城乡建设部关于印发成渝城市群发展规划的通知》
长江三角洲城市群	2016 年 5 月 22 日	2016 年 6 月 1 日	《国务院关于长江三角洲城市群发展规划的批复》《国家发展改革委住房城乡建设部关于印发长江三角洲城市群发展规划的通知》

城市群名称	批复时间	印发时间	国务院批复和国家发展和改革委员会印发的文件
中原城市群	2016 年 12 月 28 日	2016 年 12 月 29 日	《国务院关于中原城市群发展规划的批复》《国家发展改革委关于印发中原城市群发展规划的通知》
北部湾城市群	2017 年 1 月 20 日	2017 年 2 月 10 日	《国务院关于北部湾城市群发展规划的批复》《国家发展改革委住房城乡建设部关于印发北部湾城市群发展规划的通知》
关中平原城市群	2018 年 1 月 9 日	2018 年 2 月 2 日	《国务院关于关中平原城市群发展规划的批复》《国家发展改革委住房城乡建设部关于印发关中平原城市群发展规划的通知》
呼包鄂榆城市群	2018 年 2 月 5 日	2018 年 2 月 27 日	《国务院关于呼包鄂榆城市群发展规划的批复》《国家发展改革委关于印发呼包鄂榆城市群发展规划的通知》
兰州—西宁城市群	2018 年 2 月 22 日	2018 年 3 月 13 日	《国务院关于兰州—西宁城市群发展规划的批复》《国家发展改革委住房城乡建设部关于印发兰州—西宁城市群发展规划的通知》

长三角城市群包括上海，江苏省的南京、无锡、常州、苏州、南通、盐城、扬州、镇江、泰州，浙江省的杭州、宁波、嘉兴、湖州、绍兴、金华、舟山、台州，安徽省的合肥、芜湖、马鞍山、铜陵、安庆、滁州、池州、宣城，共26市。长三角城市群是中国参与国际竞争的重要平台、经济社会发展的重要引擎，是长江经济带的引领发展区、中国城镇化基础最好的地区。

珠江三角洲城市群包括广州、深圳、珠海、佛山、东莞、惠州、中山、江门、肇庆等9个主要城市，新规划扩容汕尾、清远、云浮、河源、韶关5个城市，共14个城市。

京津冀城市群包括北京、天津两大直辖市和河北省的保定、唐山、石家庄、廊坊、秦皇岛、张家口、承德、沧州、衡水、邢台、邯郸。其中北京、天津、保定、廊坊为中部核心功能区，京津保地区率先联动发展。

中原城市群涵盖河南省的郑州、开封、洛阳、南阳、安阳、商丘、新乡、平顶山、许昌、焦作、周口、信阳、驻马店、鹤壁、濮阳、漯河、三门峡、济源，山西省的长治、晋城、运城，山东省的聊城、菏泽，安徽省的宿州、淮北、阜阳、亳州、蚌埠，河北省的邢台、邯郸，是5省30座地级市所构成的具有高度紧密经济社会联系的城市群。中原城市群是中国经济发展新增长极、重要的先进制造业和现代服务业基地、中西部地区创新创业先行区、内陆地区双向开放新高地和绿色生态发展示范区。

长江中游城市群是以武汉、长沙、南昌三大城市为中心的超特大城市群组合，涵盖武汉城市圈、环长株潭城市群、环鄱阳湖城市群为主体形成的特大型城市群，覆盖城市有：湖北省的武汉、黄石、鄂州、黄冈、孝感、咸宁、仙桃、潜江、天门、襄阳、宜昌、荆州、荆门，湖南省的长沙、株洲、湘潭、岳阳、益阳、常德、衡阳、娄底，江西省的南昌、九江、景德镇、鹰潭、新余、宜春、萍乡、上饶及抚州、吉安的部分县（区）。长江中游城市群是中国经济发展新增长极，中西部新型城镇化先行区、内陆开放合作示范区和"两型"社会建设引领区。

成渝城市群具体范围包括四川省的成都、自贡、泸州、德阳、绵阳（除北川县、平武县）、遂宁、内江、乐山、南充、眉山、宜宾、广安、达州（除万源市）、雅安（除天全县、宝兴县）、资阳等15个市，重庆市的渝中、万州、黔江、涪陵等27个区（县）以及开县、云阳的部分地区。成渝城市群是西部大开发的重要平台、长江经济带的战略支撑、国家推进新型城镇化的重要示范区。

哈长城市群包括黑龙江省的哈尔滨、大庆、齐齐哈尔、绥化、牡丹江，吉林省的长春、吉林、四平、辽源、松原、延边朝鲜族自治州。哈长城市群是东北老工业基地振兴发展重要增长极、北方开放重要门户、老工业基地体制机制创新先行区、绿色生态城市群。

辽中南城市群以沈阳、大连为中心，包括鞍山、抚顺、本溪、丹东、辽阳、营口、盘锦等城市。

山东半岛城市群覆盖山东全省 17 个区市，是我国北方地区和华东地区重要的城市密集区之一，是中国黄河中下游广大腹地的出海口。

海峡西岸城市群以福州、泉州、厦门、温州、汕头 5 大中心城市为核心，包含福建省的福州、厦门、泉州、莆田、漳州、三明、南平、宁德、龙岩，浙江省的温州、丽水、衢州，江西省的上饶、鹰潭、抚州、赣州，广东省的汕头、潮州、揭阳、梅州共计 20 个地市所组成的国家级城市群。

北部湾城市群包括广西壮族自治区的南宁、北海、钦州、防城港、玉林、崇左，广东省的湛江、茂名、阳江和海南省的海口市、儋州市、东方市、澄迈县、临高县、昌江县。发挥地缘优势，挖掘区域特质，建设面向东盟、服务"三南（西南、中南、华南）"、宜居、宜业的蓝色海湾城市群。

关中平原城市群范围包括陕西省的西安、宝鸡、咸阳、铜川、渭南 5 个市，杨凌农业高新技术产业示范区及商洛市的商州区、洛南县、丹凤县、柞水县，山西省的运城市（除平陆县、垣曲县）、临汾市的尧都区、侯马市、襄汾县、霍州市、曲沃县、翼城县、洪洞县、浮山县，甘肃省的天水市及平凉市的崆峒区、华亭县、泾川县、崇信县、灵台县和庆阳市区。关中平原城市群是亚欧大陆桥的重要支点，是西部地区面向东中部地区的重要门户，同时也是西部地区第二大城市群，2017 年综合经济实力仅次于成渝城市群，位居内陆地区第二位。

三、与国家级城市群的可达性

（一）平均旅行时间

河南城市与国家级城市群间的平均旅行时间差别还较大。2008 年，与京津冀、关中平原、长江中游、山东半岛和长三角城市群的平均旅行时间居前五位，都在 12.0 小时以内，其中，与京津冀城市群的平均旅行时间最小，为 8.03 小时；与北部湾城市群的平均旅行时间最高，为 25.08 小时，空间距离是决定各城市与国家级城市群可达性水平的主要因素。2020 年，河南城市与关中平原城市群的平均旅行时间最小，为 4.54 小时；其次为与京津冀、长江中游和山东半岛城市群的平均旅行时间，在 6 小时以内；与北部湾城市群的平均旅行时间降至 16.02 小时，如表 4 - 8 和表 4 - 9 所示。

省会城市郑州与各国家级城市群的平均旅行时间最小，且呈不断降低的趋势。2008 年，郑州与各国家级城市群的平均旅行时间为 14.81 小时，其中，与京津冀城市群的平均旅行时间最小，为 5.96 小时，其次为地理位置临近的关中平原城市群，与北部湾城市群的平均旅行时间最高，为 23.50 小时。2020 年，郑州与各国家级城市群的平均旅行时间降到了 7.25 小时，其中，与关中平原城市群的平均旅行时间最小，为 3.13 小时，与北部湾城市群的平均旅行时间降到了 14.0 小时。

河南城市与国家级城市群的平均旅行时间呈现出不同程度的降低趋势。从全省平均来看，2008 年，河南城市与 11 个国家级城市群的平均旅行时间为 16.78 小时，到 2020 年，与国家级城

表4-8 2008年河南城市与国家级城市群的平均旅行时间

单位：小时

城市群	郑州	开封	洛阳	平顶山	安阳	鹤壁	新乡	焦作	许昌	漯河	三门峡	南阳	商丘	信阳	周口	驻马店
长三角	8.41	8.11	12.69	14.05	13.09	13.14	11.98	11.59	11.55	12.31	14.92	14.85	7.58	10.36	15.13	11.62
珠三角	18.53	18.29	22.03	22.89	20.40	20.50	19.62	20.73	18.87	18.87	23.64	19.71	18.01	15.68	21.50	18.76
京津冀	5.96	7.30	8.31	10.03	5.06	6.69	5.57	9.37	7.40	7.25	9.76	11.77	7.72	8.50	9.68	8.04
长江中游	8.56	9.67	12.01	12.11	10.44	10.83	10.05	11.78	8.61	7.78	13.63	10.82	9.78	6.27	11.53	7.64
成渝	18.14	20.05	16.43	19.83	20.22	24.85	21.38	20.34	22.92	22.34	16.52	16.92	21.85	20.21	21.11	19.26
哈长	22.90	23.97	27.16	26.00	24.27	24.55	23.55	25.10	23.71	24.00	28.97	27.40	23.40	25.41	25.87	24.97
辽中南	18.58	20.47	21.10	21.68	17.83	20.23	18.29	20.78	19.45	20.19	22.64	23.08	19.91	21.65	21.55	20.31
山东半岛	9.93	9.27	12.37	13.06	10.83	11.58	10.23	12.13	10.99	11.65	14.39	14.98	8.12	13.87	12.90	13.77
海峡西岸	21.66	21.56	23.86	24.82	23.61	24.22	23.13	26.44	22.19	21.96	25.62	25.43	20.38	21.72	27.00	21.94
北部湾	23.50	23.95	24.83	26.60	25.06	25.15	24.25	25.70	25.00	24.09	26.35	28.00	24.70	23.72	26.47	23.99
关中	6.79	8.10	5.51	9.41	8.47	9.80	7.68	8.93	8.43	8.73	3.92	10.13	9.03	10.96	9.89	9.75

高速铁路的区域空间效应研究

表 4-9　2020 年河南城市与国家级城市群的平均旅行时间

单位：小时

城市群	郑州	开封	洛阳	平顶山	安阳	鹤壁	新乡	焦作	许昌	漯河	三门峡	南阳	商丘	信阳	周口	驻马店
长三角	4.31	5.37	5.11	9.05	5.61	6.09	5.60	5.23	5.27	10.39	7.07	8.92	3.43	8.13	4.20	5.26
珠三角	10.34	17.21	12.98	19.12	11.56	11.21	10.94	11.69	10.49	10.55	15.05	17.48	11.19	10.11	16.38	10.37
京津冀	3.28	6.61	4.18	4.98	2.44	2.76	3.00	7.07	4.00	4.21	4.92	8.76	5.79	4.88	5.44	4.55
长江中游	4.27	6.11	5.50	8.34	6.39	5.41	5.43	5.10	5.31	5.18	9.04	6.93	7.23	2.91	7.10	3.60
成渝	9.61	10.59	9.09	11.44	11.99	10.78	11.14	12.46	11.88	10.25	8.12	12.71	11.14	11.17	10.44	10.29
哈长	10.54	25.46	17.73	11.29	11.90	10.64	12.13	16.82	10.97	11.28	11.61	23.87	21.61	14.17	11.37	11.57
辽中南	8.04	20.42	14.30	8.79	7.12	7.72	8.00	11.08	8.88	9.23	21.46	12.75	15.74	10.03	8.87	9.57
山东半岛	4.13	4.50	4.89	5.29	3.73	4.22	4.23	4.70	6.10	5.29	10.20	12.52	3.53	5.80	10.19	5.56
海峡西岸	8.12	14.27	10.15	12.73	8.82	8.65	8.45	8.69	8.61	8.22	18.03	19.06	9.29	7.32	8.07	7.87
北部湾	14.00	14.85	14.58	14.75	15.13	14.97	14.75	14.57	19.17	18.75	15.07	19.26	20.49	12.79	14.83	18.35
关中	3.13	5.30	2.53	5.89	3.92	3.83	3.63	3.70	4.73	5.88	1.99	6.32	4.92	6.57	3.99	6.23

市群的平均旅行时间降至 9.40 小时，平均减小了 7.38 小时。鹤壁、周口、安阳、焦作、安阳、平顶山和新乡等城市与各城市群的平均旅行时间降低了 8.0 小时以上，其中，鹤壁与各城市群的平均旅行时间降低 9.57 小时，与海峡西岸城市群平均旅行时间的降低幅度达 15.58 小时（见表 4 - 10），与成渝、哈长、辽中南和北部湾城市群的降低幅度也都在 10.10 小时以上。开封和南阳与各城市群平均旅行时间的改善幅度相对较低，降低幅度在 5.0 小时以内，尤其是开封与各城市群可达性的平均改善幅度为 3.64 小时，需要指出的是开封与哈长城市群的平均旅行时间从 2008 年的 23.97 小时增至 2020 年的 25.46 小时，原因在于 2020 年开封与哈长城市群部分城市开通了普通列车直通班次，但直通列车班次的开通并没有缩短开封与哈长城市群主要城市间的旅行时间。

表 4 - 10　　鹤壁与海峡西岸城市群主要城市的车次及旅行时间 单位：分钟

城市	鹤壁			
	2008 年		2020 年	
	车次	时间	车次	时间
福州	T122/T123 转 K32/K29	1428	G73 转 G862	493
厦门	T122/T123 转 K242/K243	1716	G363 转 D2231	593
泉州	T122/T123 转 K397/K396	1863	G363 转 D2231	564
莆田	—	—	G363 转 D2231	532
漳州	T122/T123 转 K242/K243	1633	G363 转 G2293	581
三明	T122/T123 转 K242/K243	1261	G363 转 D2241	448
南平	T122/T123 转 K397/K396	1270	G531 转 G3186	411
宁德	—	—	G2807 转 D3217	668
龙岩	T122/T123 转 L251/L254	1500	G2811 转 G3183	487
温州	T122/T123 转 L208/L205	1464	G73 转 G1896	550

城市	鹤壁			
	2008 年		2020 年	
	车次	时间	车次	时间
丽水	T122/T123 转 L208/L205	1341	G2807 转 D3235	516
衢州	T122/T123 转 K13/K12	962	K179 转 G1991	566
上饶	T122/T123 转 K13/K12	882	G655 转 G862	390
鹰潭	T122/T123 转 K242/K243	814	G71 转 K1585	596
抚州	—	—	G363 转 D2231	357
赣州	T122/T123 转 K686/K687	1126	G1577 转 G491	411
汕头	T122/T123 转 N628/N625	1516	G531 转 G6003	682
潮州	T122/T123 转 N628/N625	1484	G293 转 K9011	1232
揭阳	T122/T123 转 N628/N625	1463	G293 转 K9011	1207
梅州	T122/T123 转 K297/K300	1427	T145 转 D3287	1407

注：表中所列时间不计中转换乘待车和滞留时间。

（二）加权平均旅行时间

河南城市与城市群间的加权平均旅行时间差别较大。2008年，与关中平原、京津冀、长江中游、长三角和山东半岛城市群的加权平均旅行时间居前五位，加权平均旅行时间介于7.86～12.46小时；与关中平原城市群的加权平均旅行时间最小，为7.86小时，与海峡西岸城市群的加权平均旅行时间最大，为24.84小时，空间距离是决定各城市与国家级城市群可达性水平的主要因素。2020年，河南城市与关中平原城市群的加权平均旅行时间最小，为3.47小时，与北部湾城市群的加权平均旅行时间降至14.59小时（见表4-11和表4-12）。

郑州与各城市群的加权平均旅行时间最小，且呈不断降低的趋势。2008年，郑州与各城市群的加权平均旅行时间为14.69小

表4-11 2008年河南城市与国家级城市群的加权平均旅行时间

城市群	郑州	开封	洛阳	平顶山	安阳	鹤壁	新乡	焦作	许昌	漯河	三门峡	南阳	商丘	信阳	周口	驻马店
长三角	7.52	7.18	12.97	12.63	13.79	13.55	12.62	10.21	10.10	12.55	15.01	15.93	6.57	9.98	12.28	11.90
珠三角	18.70	18.55	23.22	23.75	20.88	21.21	20.05	20.90	18.97	18.95	24.88	19.76	18.29	15.27	21.67	18.56
京津冀	6.15	9.32	8.64	11.30	5.06	6.89	6.04	10.67	7.96	7.48	10.66	12.94	8.10	8.60	9.45	8.09
长江中游	7.27	8.90	11.04	10.84	9.10	9.46	8.58	9.96	7.42	6.49	12.72	9.72	8.34	6.06	10.24	6.95
成渝	18.73	21.32	17.76	22.16	20.59	30.33	24.41	20.93	24.75	23.71	18.88	18.99	22.98	23.45	21.70	20.00
哈长	21.99	23.20	27.10	25.09	23.36	23.64	22.64	24.19	22.83	23.30	28.90	26.49	22.52	24.65	24.96	24.39
辽中南	17.96	19.96	20.80	21.06	16.29	19.61	17.22	20.16	18.87	19.68	23.06	22.46	19.46	21.22	20.93	19.16
山东半岛	10.48	9.67	12.82	13.65	11.73	12.13	10.76	12.68	11.64	12.29	14.94	15.66	8.28	14.90	13.45	14.33
海峡西岸	23.39	23.02	25.43	26.52	25.01	25.43	24.39	26.69	23.63	23.44	26.69	27.58	22.15	23.30	27.37	23.45
北部湾	23.15	23.60	24.48	26.25	24.67	24.80	23.88	25.35	24.92	24.02	26.00	27.65	24.35	23.37	26.12	23.80
关中	6.28	7.50	5.01	9.08	8.13	9.19	7.27	8.46	7.62	8.02	3.52	8.71	8.33	10.24	9.28	9.09

表 4 – 12 2020 年河南城市与国家级城市群的加权平均旅行时间

单位：小时

城市群	郑州	开封	洛阳	平顶山	安阳	鹤壁	新乡	焦作	许昌	漯河	三门峡	南阳	商丘	信阳	周口	驻马店
长三角	4.12	4.62	4.97	8.64	5.74	6.12	5.57	5.42	5.67	11.88	5.95	8.85	3.29	10.16	3.90	5.27
珠三角	7.04	17.95	9.18	20.53	8.74	8.28	7.89	8.96	7.23	7.38	9.77	17.00	8.87	6.54	14.99	6.88
京津冀	2.70	6.07	3.61	4.19	2.26	2.49	2.62	8.31	3.58	3.75	4.54	8.55	4.80	4.42	4.27	4.16
长江中游	3.17	5.15	4.41	7.58	5.22	4.32	4.24	4.31	3.57	4.81	7.73	6.02	5.47	2.07	7.19	2.53
成渝	7.36	8.39	6.96	12.93	8.82	8.28	8.33	15.87	14.28	7.91	6.63	13.81	8.80	10.40	8.19	7.73
哈长	9.97	25.07	17.69	10.72	12.43	10.48	9.95	16.73	10.45	10.80	11.04	27.80	20.63	11.84	10.80	11.11
辽中南	7.89	20.81	10.79	8.64	7.06	7.58	7.80	13.89	8.69	9.02	19.72	16.85	16.73	9.82	8.72	9.37
山东半岛	4.37	4.68	5.10	5.58	3.98	4.50	4.47	4.94	7.35	5.57	9.25	11.81	3.54	5.99	11.87	5.77
海峡西岸	8.30	15.25	9.40	13.80	9.00	8.83	8.63	8.87	8.57	8.33	19.46	19.38	7.83	7.43	8.22	7.99
北部湾	12.58	13.75	13.16	13.33	13.97	13.83	13.59	13.15	16.44	16.05	13.65	20.45	18.43	11.90	13.41	15.70
关中	2.22	3.29	1.68	7.40	3.30	3.08	2.86	2.79	3.19	3.74	1.21	5.86	3.45	4.37	3.05	3.96

时，其中与京津冀城市群的加权平均旅行时间最小，为6.15小时，其他依次为地理位置邻近的关中平原城市群、长江中游城市群和长三角城市群等，与海峡西岸城市群的加权平均旅行时间为23.39小时。2020年，郑州与各城市群的平均旅行时间降到了6.34小时，其中与关中平原城市群的加权平均旅行时间最小，为2.22小时，这在很大程度上得益于郑西高速铁路建成和运营，与海峡西岸城市群的加权平均旅行时间降到了8.30小时。

各城市与城市群的加权平均旅行时间都呈现出不同程度的降低态势。从全省平均看，2008年，各城市与11个城市群的加权平均旅行时间为16.85小时，到2020年各城市与城市群的加权平均旅行时间降至8.74小时，平均减小了8.11小时。鹤壁、周口、洛阳、新乡和驻马店等高铁沿线城市与各城市群的加权平均旅行时间降低幅度都在9.0小时以上，尤其是鹤壁与各城市群的加权平均旅行时间平均降低了10.77小时，与海峡西岸、哈长、珠三角、辽中南和北部湾城市群的加权平均旅行时间降低幅度都在10.5小时以上，尤其是与成渝城市群的加权平均旅行时间从2008年的30.33小时降低到2020年的8.28小时，这主要在于鹤壁与成渝城市群主要城市的最短旅行时间大幅度减小，并且最短旅行时间减小幅度大的城市，其经济和人口所占的比重也大（见表4-13）。

表4-13   鹤壁与成渝城市群主要城市的车次及旅行时间   单位：分钟

城市	鹤壁			
	2008年		2020年	
	车次	时间	车次	时间
重庆	L101	2148	G1709	492

续表

城市	鹤壁			
	2008 年		2020 年	
	车次	时间	车次	时间
成都	K388/K385	1489	G1709	391
自贡	K388/K385 转 2639	1796	G1709 转 5635	500
德阳	K388/K385	1421	G485 转 G2207	383
绵阳	K388/K385	1368	G1709	346
遂宁	K388/K385 转 T888	1616	G1215 转 Z49	866
内江	K388/K385 转 K191	1712	G1709	447
乐山	K388/K385 转 5621	1584	G2213 转 G2829	483
南充	K388/K385 转 T248	1682	K817	1117
眉山	K388/K385 转 N574	1547	G2213 转 G2829	458
宜宾	K388/K385 转 2639	1882	G2213 转 G2829	532
广安	L101	1892	K507	1072
达州	L101	1737	K507	956
资阳	K388/K385 转 K139	1609	G2213 转 G8593	460

注：表中所列数据不计中转换乘待车和滞留时间。

国家级城市群是中原城市群对外联系的主要空间方向，减小河南城市与城市群城市间的旅行时间有利于增强河南城市与城市群联系的便捷性和社会经济联系强度。从河南城市与全国主要城市群的平均旅行时间和加权平均旅行时间来看，河南城市与大多数城市群的可达性水平都获得了不同程度的提升，这其中最主要的因素在于高速铁路的开通运营，但是地理位置和空间距离仍然是城市可达性水平改善的主要约束因素。

第五章

高速铁路建设的产业集聚效应

第一节　产业空间集聚及影响因素

一、产业集聚内涵及成因

产业集聚是某种产业及其相关支撑产业，或其他不同类型的产业在一定地域范围内集中的现象。集聚最早由马歇尔（Marshall）于19世纪90年代提出，用于描述地域相近的企业或产业集中，认为集聚能产生正的外部效应，提出了产业集聚的三个原因，即促进专业化投入和服务的发展、为具有专业化技能的工人提供集中的市场、使公司从技术溢出中获益（Marshall，1961）。韦伯（Weber）认为产业集聚有利于降低企业成本并形成竞争优势。胡佛（Hoover）认为产业集聚是企业为了追求规模经济。波特（Porter）提出区域竞争力"钻石"模型，认为大量产业联系密切的企业以及相关支撑机构在空间上集聚，有助于形成强劲、持续的竞争优势。以克鲁格曼（Krugman）等为代表的新经济地理学理论认为，经济活动的空间集聚有助于形成外部经济效应、降低生产成本、技术创新和递增边际收益。按照新增长理论，产业集聚会形成重要的路径依赖和锁定效应，即一个区域一旦产生优势以后，便通过前向关联和后向关联产生循环累积效应，形成一种区域专业化格局，即"路径依赖"，生产要素自动向最优区位集中的倾向便不存在，取而代之的是经济分布的"锁定"效应。

自20世纪90年代以来，国内学者也开始关注集聚现象、集聚测度、集聚动力机制及优化策略等问题（朱英明，2003；王子龙等，2006）。产业集聚主要源于区域因素、集聚因素、边际报酬递增和运输成本等集聚动力的相互作用，这种空间集聚有助于加剧竞争、刺激创新、提高效率等，进而形成整个区域的集群竞争力。一般来说，产业之所以要集聚发展，并不断向更高阶段的产业集群发展，是因为在产业集聚过程中，可通过多种途径，例如，降低成本、刺激创新、提高效率、加剧竞争等提升整个区域的竞争能力，并形成一种集聚外部经济（关兴良等，2016）。城市是产业集聚的空间载体，城市的物质、结构既是产业空间集聚的结果，也是产业空间集聚的基础，产业空间集聚促使工业、商业等国民经济部门在地理位置上更加接近，由此带来城市经济的发展和繁荣。

二、产业集聚的影响因素

有学者认为影响服务业集聚的因素主要有空间区位、市场需求、信息化水平和制度环境等方面（盛龙等，2013）。

（一）区位条件与产业集聚

区位条件是产业选址考虑的最重要的因素，而影响区位选择最重要的因素就是交通可达性。在一定程度上可以认为区位的本质就是交通可达性。交通优势作为影响产业区位选择最重要的因素，主要体现在两个方面：一是完善的交通基础设施能够扩大市场边界，扩大城市产业的发展空间。同时，良好的基础设施能够增强区域间的经济联系，促进城市群外向经济和规模经济的发展。金融和商务咨询等行业在交通区位优势明显的城市集聚，主要动力就是为了获得交通可达性带来的市场扩大及规模效应带来的巨大收益。二是交通的便捷性满足了面对面交流的需求，有利于高端服务业隐性知识的转移和扩散。借助良好的交通工具，现代服务业从业人员可以获得更多的面对面交流的机会，加快了知识外溢的速度。

（二）市场需求与产业集聚

从新经济地理学的角度看，企业为了节省运输费用，往往会倾向于布局在市场需求比较旺盛的地区，同时上下游企业也会随之跟进，并在规模报酬递增累积循环作用下，集聚的企业越来越多，规模越来越大，从而形成具有显著优势的产业集聚中心。对于制造业来说，范剑勇（2004）认为产业后向联系促进新进入的厂商总是选择市场规模效应大的地区进行投资建厂，在那里运输成本降低、工人的名义和实际工资均高于其他非产业集聚区，非产业集聚区的劳动力也会因为高工资诱惑向产业集聚区内集聚。对于服务业而言，服务业企业在选择区位时接近市场需求大的地区、靠近客户群体，可以降低企业与客户间的运输和交易费用，便于企业更多地掌握需求信息，提供满足需求的服务产品。市场需求的规模和发展潜力也是服务业集聚的关键因素。

（三）信息化与产业集聚

信息技术的迅速发展是推动服务业集聚的有利条件。由于服务产品具有无形性、不可储存性、生产和消费的同时性等特点，信息技术的快速发展和广泛应用对服务业区位选择产生了深刻的影响。互联网的广泛应用使得信息能够快速传播，地理位置的约束不再是企业扩张的障碍，市场可以自由的扩张，为服务业跨时空转移提供了技术支撑。计算机技术的发展，大幅度地降低了信息传输的成本，提高了信息传播效率，为服务业集聚发展提供了便捷的信息传输和处理的技术支持，信息化程度的提升会促进服务业的行业集聚和地区集聚。

（四）制度环境与产业集聚

制度环境对产业发展具有深远的影响，经济制度、产业政策是产业区位选择的外在干预因素。地方保护主义作为地方政府对经济发展的调控措施，不论是发达国家还是发展中国家，都存在保护地方行业的动机，主要在于促进地方税收和当地就业。改革开放以来中央采取的分税制度，使得地方政府存在强烈的保护税收的动机，保护当地企业免受跨区域竞争的威胁，因此地方保护主义是影响我国产业集聚的重要原因。企业在决策区位选择时往往会在市场经济规律和政府两种力量的共同作用下寻求平衡。

第二节　高铁对产业集聚影响及作用机理

一、高铁建设与产业集聚关系

高速铁路建设是产业集聚的支撑条件，为产业集聚创造了良好的交通条件从而促使产业转移到有利于发展的地区并集聚在一起。关于高速铁路对城市服务业集聚影响的研究，邓涛涛等（2017）利用2006~2015年长三角城市群统计数据和列车运营数据构建双重差分模型并引入引力模型量化高铁"时空收敛"效应，定量分析了长三角高速铁路由线成网对城市服务业集聚的影响。徐长乐等（2011）认为高速铁路具有速度快、运输能力强、安全性好、舒适方便、能耗低和经济效益好等优点，缩短了人流、物流、信息流等的时空距离，将促进旅游、房地产等沿线产业的升级，推进沿线城市规划的重新布局。赵庆国（2013）指出高速铁路能够促进区域间经济资源大进大出，快进快出，通过有效满足不同地区经济要素流动的多层面、多类型和多选择性需求，推动沿线地区经济走廊和经济带形成，促进第三产业的结构升级和水平提高。覃成林等（2017）研究发现全国生产性服务业从业人口密集区与高速铁路网络高度耦合，生产性服务业从业人口集聚区域的范围有向高速铁路沿线收缩与向高级网络节点城市收缩的态势，呈现局域的集聚与全域的分散状态。本章主要探讨高速铁路对服务业集聚的影响。

二、高铁对产业集聚作用机理

（一）市场结构效应

高速铁路能够提高地区可达性，降低沟通成本和交易成本，进而扩大市场空间影响范围，拓展市场边界和降低交易成本（陈建军等，2014）。运输成本和实践成本减少无疑会对市场效率提高起到重要作用。随着高速铁路网络的建成，交通便利地区无疑会拥有更大的市场潜力，提升城市竞争力进而吸引企业入驻。对服务业而言，在一定范围内客户是有限的，服务业特别是高端服务业发展需要一个较高的市场门槛。在商务活动成本中，时间成本占据重要位置，因此，从时间成本来看，区域交通水平的提高能降低服务业企业的成本，增加面对面交流的机会，对本地区服务业发展起着推动作用。

（二）劳动力市场共享效应

高速铁路缩短了区域间的时空距离，使得劳动力等生产要素的流动更加便捷。当劳动力可以自由地在产业内的不同企业间流动时，就会产生劳动力市场共享效应，因为找工作的花费和风险都更低。集群内的企业可以通过调整员工的工资水平来应对急需劳动力的情况。一个更大的劳动力市场可以促进拥有技术的人才和企业更好的匹配，使得产业更加专业化。总之，由于高速铁路的发展和可达性的提高，劳动力市场的共享会带来正的外部影响，包括经济的集聚效应。高速铁路促进了劳动力流动，有利于提高劳动供给和需求的匹配性。对劳动者而言，在企业集中的地区，可供选择的就业机会更多。对企业而言，劳动力供给多有助于企业更容易找到合适的员工。与此同时，多个员工在多个企业之间进行双向选择，有助于提高市场效率。

（三）生产要素整合效应

高速铁路能够提升地区可达性和便利性，使得服务业企业能够接近更大的要素市场，高速铁路作为客运专用铁路，对各地生产要素的影响也具有差异性。主要表现在人流和信息流两个方面（陈建军等，2014）。高速铁路促进了面对面交流的机会，有利于服务业知识的扩散。面对面交流对知识的传播至关重要，特别是研发人员集聚交流对知识外溢尤为重要。高速铁路使人们面对面交流更加方便，知识和技术更容易传播，提高了知识和技术的易得性。

（四）空间溢出效应

空间溢出效应是某一经济体的生产和消费对其他经济体产生的一种伴生影响。高速铁路的空间溢出效应主要表现在以下几个方面：高速铁路建设会刺激建设物资和相关服务等相关产业链的发展，对经济增长有直接的影响。高速铁路作为国民经济的基础行业，其发展能有效降低居民出行成本，提升其他行业的运行效率和运营质量。高速铁路的网络效应还意味着高速铁路的发展将推动本区域对外交流的增多，与其他地区交易成本的下降，增强本区域的区位优势，产生空间效应，甚至可能打破某些产业在各区域的原有布局，最终影响产业和经济的空间分布。

第三节　高铁站区产业空间集聚及特征

高铁站区是近年来兴起的一种新的城市功能区域。高铁站以良好的可达性影响企业选址，对城市工商业、办公机构等产生强大的集聚力。高铁站本身塑造了一个现代化、高品质的门户形象，对于那些知识密集、非常依赖面对面交流的业务具有很强的吸引力。高铁站区通过吸引居住和金融、信息、科技研发、商务、商贸、娱乐等对高铁具有强烈需求指向的城市功能集聚，催生高铁新城或城市副中心等新的城市空间增长极。随着我国高铁的快速建设，数量众多的高铁站区也成为开发的热点。国外对高铁站区发展的研究主要集中在高铁站影响范围及空间结构以及高铁站区人口发展、产业布局及土地利用等方面，国内学者从微观视角对高铁站区产业布局、土地利用及人口分布研究还比较少，以郑州东站为案例，利用企业点位数据定量探讨高铁站建成前后站区产业集聚及空间布局特征。

一、郑州东站建设及运营概况

郑州东站位于郑州市金水区，是中国铁路郑州局集团有限公司管辖的特等站，是特大型铁路枢纽站之一，是郑州铁路枢纽的重要组成部分。郑州东站始建于 2009 年 6 月 29 日，2012 年 9 月 22 日正式开始售票，9 月 28 日郑州东站广场开通运营，车站日均办理动车组旅客列车 60 多对，日均客流发送量 8700 余人。2014 年 12 月 28 日，郑州东城际场开通运营，沿途管辖车站有绿博园站、运粮河站和宋城路站，2015 年日均办理动车组列车 110 余对，日均发送旅客约 2.6 万人。2016 年 9 月 10 日，徐兰场开通运营，日均办理旅客列车总计 170 多对，日均发送旅客为 5.1 万人。到 2018 年 12 月，郑州东站的日均办理旅客列车数量为 190 多对，日均发送人数为 7.6 万人。根据郑州枢纽总图规划文件预测，郑州东站近期接发旅客列车数量为始发终到列车 219 对，通过列车 328 对；规划远期接发始发终到列车 271 对，通过列车 378 对。2030 年前后，郑州东站旅客发送人数将达到 4300 万人；2040 年前后，郑州东站旅客发送人数将达到 6250 万人。

郑州东站集客运专线、城际铁路、公路客运、地铁和城市公交等多种交通方式为一体，是各种交通方式有机衔接、方便换乘、国际先进、国内一流的大型现代化综合交通枢纽，是中国高速铁路网中建设规模最大的多向通道交汇枢纽站，是京广高速铁路（北京西—广州南）和徐兰高速铁路（徐州东—兰州西）交汇的节点车站，同时也是郑开城际铁路（郑州东—宋城路）、郑机城际铁路（郑州东—新郑机场）的始发枢纽站。郑州东站按照站场管线范围划分为郑州东京广场、郑州东城际场和郑州东徐兰场三个车场，并列布置，呈南北走向，南、西方向线路由南端引入，北、东方向线路由北端引入，共设置 32 条股道，16 座站台。总建筑面积 41184 平方米，车站站房设计最高聚集人数 7000 人。郑州东站作为京广、徐兰两条高速铁路的"十"字交汇枢纽站，发挥着承东启西、贯通南北的重要作用，未来还将引入郑州至重庆、郑州至济南、郑州至太原、郑州至合肥客运专线，并承担郑州至机场、郑州至开封等多条城际铁路的运输作业功能，在中国高速铁路网和中原城市群综合交通网中具有强大集疏功能和重要的战略地位。

二、郑州东站周边商业服务业集聚

城市产业空间布局从某种程度上说是城市经济活动的空间投影，高铁对于城市经济的拉动很大一部分是通过对高铁站点周边产业的规划及合理布局而实现的。基于高铁站区周边产业行业的电子地图兴趣点数据（POI），定量刻画高铁建设及站点运营对站区产业空间格局变动的影响及其空间特征。有学者指出考察高铁站区开发情况的理想时期为高铁规划建设至今，由于郑州东站自 2012 年 9 月 22 日正式开始售票，这里选择 2010 年高铁开通运营之前和 2020 年高铁开通运营之后站区产业空间布局的情景，分析高铁开通运营对站区产业空间格局的影响。

高铁站的影响范围是指以站点为中心向外拓展的圈层空间范围，其范围大小目前学界尚没有一致的界定。借鉴王丽等通过乘客出行距离的调查研究对高铁站区圈层范围的界定（王丽等，2012，2017），本书暂定高铁站区的范围为 2500 米，其中，站区范围为 0～1500 米，外围区范围为 1500～2500 米，同时还考虑到站区所在街道管辖范围的完整性，确定本书的考察范围为祭城路街道、博学路街道和商都路街道共 3 个街道的范围，站区总面积为 46.39 平方千米，进而对高铁站区范围内高铁开通前后服务业企业网点 POI 数量及分布格局进行分析以综合探讨高铁站区产业布局的空间特征。

中国高铁主要承担客运功能，出行目的主要倾向于商务、旅行、探亲访友以及通勤等活动需求，除高铁建设的直接投资效应之外，城市经济发展能够受到高铁间接带动和影响的部门主要是服务于旅客出行的第三产业中的商务和商业服务业。这里主要以郑州东站高铁站区与高铁密切相关的第三产业作为分析研究对象。由于当前对电子地图 POI 数据尚没有统一的分类标准，根据《国民经济行业分类标准》和 POI 数据的常规分类，筛选商务服务、金融服务、餐饮服务、购物服务、酒店住宿、居民服务和休闲娱乐等 7 个行业作为研究主体。

采用的服务业企业 POI 数据来源于百度和高德电子地图，2010 年来源于百度电子地图，2020 年来源于高德电子地图，数据在结构上包括服务业企业的名称、地址、坐标、类型和电话等信息。对数据进行清理和筛查，剔除信息不全面、重复或位置有误的数据，2010 年和 2020 年分别获得高铁站区范围内 393 个和 11184 个企业 POI 数据，通过坐标转换将其统一为西安 1980 坐标系，投影采用高斯克吕格投影，郑州东站服务业 POI 总体分布见图 5 - 1 和图 5 - 2。

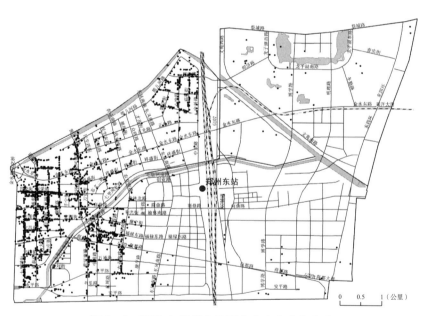

图 5 - 1　2010 年郑州东站服务业企业空间分布

图 5 - 2　2020 年郑州东站服务业企业空间分布

（一）站区产业总体空间分布

为探讨高铁站区服务业各行业的空间分布特征，以郑州东站为中心分别选择 500 米、1500 米、2500 米为缓冲区半径，划定 0～500 米范围为核心圈、500～1500 米范围为影响圈和 1500～2500 米范围为外围圈共三个圈层，采用空间分析功能对各圈层内服务业企业 POI 数量进行统计（见表 5 - 1）：2010～2020 年高铁站区服务业企业 POI 总量由 393 家增加到 11184 家，其中，0～500 米范围内服务业企业数量由 2010 年的 0 家增加到 2020 年的 319 家；500～1500 米范围内服务业企业数量由 2010 年的 29 家增加到 2020 年的 4214 家，年增长率高达 64.52%；1500～2500 米范围内服务业企业数量由 364 家增加到 6651 家，年均增长了 33.71%。服务业企业 POI 密度在各圈层分别由 2010 年的 0 个/平方千米、4.62 个/平方千米和 28.98 个/平方千米增加到

2020 年的 406.37 个/平方千米、671.02 个/平方千米和 529.54 个/平方千米，反映了高铁站区服务业企业数量和密度在站区 2500 米范围内由中心向外围呈逐渐增长的空间分布和变化态势。

表 5 - 1 2010 年和 2020 年郑州东站服务业企业 POI 数量及变化

范围	POI 数量（个）		POI 密度（个/平方千米）		密度年均增长率（%）
	2010 年	2020 年	2010 年	2020 年	
500 米（核心区）	0	319	0.00	406.37	—
500~1500 米（影响区）	29	4214	4.62	671.02	64.52
1500~2500 米（外围区）	364	6651	28.98	529.54	33.71

（二）服务业分行业圈层空间分布

对选定的服务业各行业进行横向对比分析（见表 5 - 2），各行业企业数量在研究期间都获得了不同程度的增加，反映了高铁站开通对服务业产业集聚具有较为显著的推进作用。站区 2500 米范围内服务业企业数量最多的是购物服务，2020 年企业数量高达 3038 个，其次为餐饮服务、商务服务等，2020 年企业数量分别为 2820 个和 2281 个，说明购物服务和餐饮服务在区位选择上最倾向于接近市场和集聚于人口密度较高的交通集散场地，同时也说明高铁旅客对购物和餐饮服务的需求倾向最高。休闲娱乐、金融服务和酒店住宿行业的企业数量较小，尤其是休闲娱乐行业仅 250 家，其原因在很大程度上在于高速铁路以其较高的运行速度和效率在全国绝大多数省份都基本达到了朝发夕至的便捷程度，高铁旅客对休闲娱乐行业的需求强度相对比较低。

表 5 - 2　　　　　　2010 年和 2020 年郑州东站服务业
分行业 POI 数量及变化　　　　单位：个

行业类型	500 米 （核心圈）		500 ~ 1500 米 （影响圈）		1500 ~ 2500 米 （外围圈）	
	2010 年	2020 年	2010 年	2020 年	2010 年	2020 年
商务服务	0	25	12	1447	87	809
金融服务	0	7	1	150	18	169
餐饮服务	0	142	9	946	90	1732
购物服务	0	86	1	625	94	2327
酒店住宿	0	9	3	177	10	202
居民服务	0	38	3	755	55	1288
休闲娱乐	0	12	0	114	10	124

对各行业在各圈层的分布密度进行分析（见表 5 - 3、图 5 - 3、图 5 - 4），对于不同行业来说其在高铁站区的空间分布表现出较为显著的空间异质化特征。2010 年，郑州东站建成运营之前站区服务业各行业企业密度都比较低，且呈现出由高铁站区中心圈层向外围圈层逐渐增大的分布态势，在 1500 ~ 2500 米范围内企业密度较高的购物服务、餐饮服务和商务服务也仅为 7.48 个/平方千米、7.17 个/平方千米和 6.93 个/平方千米，主要在于受外围其他商圈的影响所致。2020 年，郑州东站建成运营后站区服务业企业快速集聚，各行业企业数量大幅度增加，站区各圈层企业密度也获得了较大程度的增长，但不同行业在不同圈层内的分布态势还存在较大差别，商务服务、金融服务和酒店住宿行业 POI 密度在站区三个圈层范围内呈现出低—高—低的变化趋势，尤其是商务服务在 500 ~ 1500 米范围内的密度为 230.41 个/平方千米，远高于 500 米范围内的 31.85 个/平方千米和 1500 ~ 2500 米范围

内的 64.41 个/平方千米，这与王丽等人对高铁南京站的研究结论一致。餐饮服务行业 POI 密度在站区三个圈层范围内呈高—低—低变化趋势；购物服务行业 POI 密度在站区三个圈层范围内呈高—低—高的分布变化趋势；居民服务行业 POI 密度由站区中心的 48.41 个/平方千米向外围圈层逐渐增至 102.55 个/平方千米；休闲娱乐业 POI 密度由站区中心向外围区域变化不大。由此反映了服务业各行业受高铁旅客的影响程度和对高铁站区的依存程度不同，尤其是餐饮服务和购物服务与高铁旅客日常出行关系密切，是站厅商业和站区通道商业的主要类型，在站区 500 米范围内餐饮服务行业 POI 密度高于 500～1500 米范围，而外围 1500～2500 米圈层范围内购物服务业 POI 密度提升的原因在于受站区外围地区城市商服中心和城市居民日常消费影响所致。

表 5-3　　2010 年和 2020 年郑州东站服务业分行业 POI 密度

单位：个/平方千米

行业类型	500 米（核心圈）		500～1500 米（影响圈）		1500～2500 米（外围圈）	
	2010 年	2020 年	2010 年	2020 年	2010 年	2020 年
商务服务	0.00	31.85	1.91	230.41	6.93	64.41
金融服务	0.00	8.92	0.16	23.89	1.43	13.46
餐饮服务	0.00	180.89	1.43	150.64	7.17	137.90
购物服务	0.00	109.55	0.16	99.52	7.48	185.27
酒店住宿	0.00	11.46	0.48	28.18	0.80	16.08
居民服务	0.00	48.41	0.48	120.22	4.38	102.55
休闲娱乐	0.00	15.29	0.00	18.15	0.80	9.87

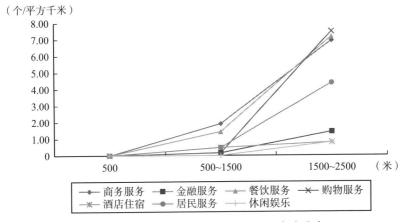

图5-3 2010年郑州东站各行业圈层密度分布

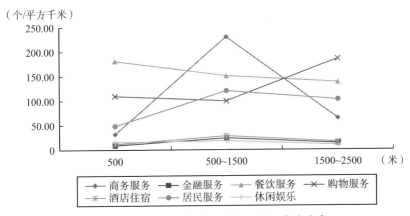

图5-4 2020年郑州东站各行业圈层密度分布

三、站区商业服务业集聚空间特征

为更好地表现高铁站区服务业的空间分布及集聚特征，采用地理信息系统空间分析功能的核密度分析方法来刻画郑州东站服务业企业的具体分布特征（见图5-5和图5-6）。

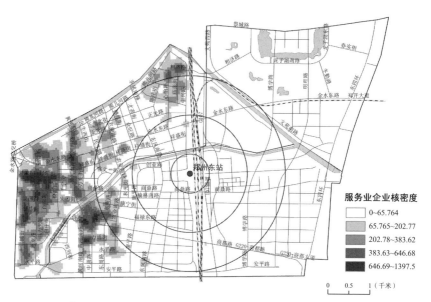

图 5 - 5 2010 年郑州东站服务业企业核密度空间格局

图 5 - 6 2020 年郑州东站服务业企业核密度空间格局

高铁站区 500 米范围内服务业企业核密度明显低于外围区

域。尽管圈层理论认为随着站点距离的增加，开发强度是逐渐降低的，但由于站点 500 米范围内核心区的主要功能是为交通集散服务，核心区的开发强度是被严格限制的。2010 年，郑州东站开通运营前站区 500 米范围内尚未有服务业企业入驻，而到 2020 年核心区范围内站厅商业大规模入驻，站厅服务业企业核密度值在 646 以上，形成了明显的商业集聚。需要指出的是由于餐饮业和购物服务是站厅商业和站厅通道商业的主要形式，所以餐饮业和购物服务两个行业在站区 500 米范围内的密度相对比较高，同时也说明高铁站区餐饮和购物等高铁旅客基本服务配套设施较为完善。

高铁站区 500～1500 米范围内的影响圈层核密度值明显提升，表现出一定程度的产业集聚。2010 年，高铁站开通运营前500～1500 米范围内尚未有明显的产业分布，而到 2020 年郑州东站建成运营后服务业企业迅速入驻，在金水东路、祥盛街与心怡路附近，七里河南路、创业路与东风南路附近，以及商鼎路与和顺街附近等区域形成高密度的商业集聚，局部地区核密度值达到646 以上。尤其是商务服务在该圈层具明显优势，规模较大、密度较高，表明高铁作为一种新兴的交通运输方式，对与之密切联系的商务服务业影响较为显著。

高铁站区 1500～2500 米范围内的外围圈在核密度大幅度提升的同时与外围圈以外地区集中连片形成高密度商业集聚。2010 年，外围圈在心怡路、张庙街、畅和街、康宁街和东周路等地段初步形成了小规模的服务业集聚，核密度在 200 以上。到 2020 年，在心怡路、张庙街、陈庄街等祭城街道的中心区，祥盛街沿线地区以及农业南路沿线地区形成了较为密集的商业集聚，其核密度值在 646 以上，尤其是农业南路沿线地区与康宁街、福禄东路、万通街和永平路沿线商业集中连片形成的大面积的商业集聚，该圈层餐饮服务、购物服务和居民服务的行业规模和行业密度均较高，商务服务业集聚密度降低，反映了这一圈层在很大程度上已受到高铁站区以外的城市商业、城市居住区等因素的影响，在行业上也逐渐由服务于高铁旅客向服务于当地居民转变。

第六章

高速铁路建设的网络关联效应

第一节　城市网络及其测度方法

一、城市网络及网络关系构建

城市网络是指在一定区域范围内众多相互联系的城市构成的网络系统。城市网络是社会、经济、政治、文化关系所驱动的，以生产、服务、信息、交通流通为代理人，以全球城市、国家与区域城镇体系、城市群为实体投影，在相对无约束的时空尺度下产生的一种城市关系（王士君等，2019）。随着交通和信息技术的进步，时空压缩现象愈加明显，城市联系愈加紧密且呈现扁平化的趋势，以中心地理论为基础的城市等级体系及其场所空间范围逐步被突破，传统意义上的"场所空间"正被"流动空间"所取代，基于地理邻近的空间关系逐步弱化，基于功能联系的关联关系逐步增强，城市之间的距离从地理空间距离转变为城市联系的紧密程度，城市体系逐步由中心地模式转化为多中心的网络化模式，成为城市形态和功能的连接。20世纪中期以来，西方学者相继提出了世界/全球城市理论、"流空间"理论、全球城市——区域以及世界城市网络理论等，尤其是泰勒（Taylor）明确指出城市是一种进程，他们彼此之间相互联系形成群体进而形成网络。"地方空间"向"流动空间"转变，促进了城市体系研究从等级规模体系向城市网络范式转型，随着世界城市网络理论被中国学者借鉴应用于区域城市网络的研究，网络理念逐步成为区域城市体系研究的新范式。

城市之间具有多种有形和无形的关联关系，关联关系的建立不仅具有路径依赖特征，还具有突变特征，形成一个多元、多层和多中心的复杂动态网络，城市间的这种关联关系可用城市网络关系表达。关于城市网络关系的研究主要集中于借助"流空间"理论对城市网络结构进行分析，西方学者从生产性服务业（Jacobs et al.，2011）、互联网（Malecki，2002）、社会网络（Huggins，2017）等方面建立了城市网络分析框架对城市网络展开了大量研究，泰勒（2001、2002、2014）基于城市间服务企业的联系建立了城市连锁网络，利用网络分析方法对世界城市网络进行了系统研究，揭示了城市（节点）在网络中的地位和关系。国内学者对城市网络研究大部分是对卡斯特尔（Castells）流动空间理论的借鉴和应用，学者们采用不同的关联数据开展城市网络研究，主要有基于城市空间相互作用模型模拟构建城市关联网络（冷炳荣等，2011），人口流动（刘望保等，2016；魏冶等，2016），公路、铁路、航空等交通流（陈伟等，2017；王姣娥等，2017；宋伟等，2008），企业组织关系（吴康等，2015；王聪等，2014；钟业喜等，2018）、网络虚拟信息流（邓楚雄等，2017；王波等，

2013)，资金流（马学广等，2017）等构建城市网络。武前波等（2012）基于电子信息企业生产网络对中国城市网络的空间特征进行了探索，王成等（2015）以汽车零部件交易链接网络为例研究了中国城市网络地位与网络权力格局及相互关系。研究区域多围绕全国和典型地区，例如，长江三角洲、长江中游、成渝以及中原城市群等；研究内容涉及不同形式网络结构的比较（宋琼等，2018）、网络结构及演化（李亚婷等，2014）、网络驱动机制等（钟业喜等，2016；宋琼等，2018）。

在城市网络中，城市依托网络关系而存在，城市所占有的物质资源禀赋的重要性被弱化，节点的功能地位和关联关系是城市网络的组织逻辑和运行机制（王士君等，2019）。中国城市发展已经远远超过了传统场所空间的腹地范围，城市越来越多地作为生产网络的节点而存在（宁越敏等，2011），对中国城市网络空间结构及发育规律的研究，不仅是对世界城市网络理论研究的重要补充，还将为完善中国城市治理体系和城市化政策提供重要的参考（盛科荣等，2018）。本章以铁路客运网络映射城市关联网络，采用社会网络分析方法，以城市间铁路客运班次构建城市关联网络，研究网络的时空演化特征，进而探讨高铁建设过程中河南城市对外联系的网络结构特征。

二、城市网络的测度指标

社会网络分析方法基于关系数据，采用图论工具、代数模型描述网络节点之间的关系模式，并探究各关系模式对网络中成员个体及网络整体的影响。社会网络分析不仅可以刻画网络整体的形态、中心性、集聚性等结构特征，还可以考察节点间的互动关系，为考察城市网络结构提供了强大的技术支撑。网络结构分析可从整体和节点两个方面入手，反映网络整体结构特征的指标有网络规模、关系数、网络密度、网络关联度等，网络规模和关系数是描述网络整体特征的最基本指标。反映网络节点的主要指标有节点中心性、平均路径长度等，其中节点中心性指标常用于直接刻画节点特征。

（一）网络密度

网络密度反映空间关联网络的紧密程度，被定义为实际拥有的连线数与整体网络中最多可能拥有的连线数之比。网络越密集，整体网络和集中的节点所能完成的吸收、传递功能就越强。表达式为：

$$D = \frac{m}{n(n-1)} \qquad (6-1)$$

式（6-1）中，D 为网络密度，值介于 0~1 之间，m 为实际存在的有效联系总数，n 为网络节点的总数。

（二）节点中心性

中心性是研究各节点在网络中地位和作用的指标。一个节点在网络中越处于中心位置，其在网络中的影响力越大，越能影响其他节点。刻画网络中心性的常用指标有点度中心度、中介中心度和接近中心度。

（1）点度中心度，是指网络中与某点直接相关联的节点的数目，反映各节点在网络中处于中心位置的程度，是根据区域联系网络中的联结数量衡量节点处于网络中心位置的程度，度值越大，节点中心性越强。为比较不同规模网络中节点的点度中心度，通常选用相对点度中心度，表达式为：

$$C_D(c_i) = \frac{\sum_i a_{ij}}{(n-1)} \qquad (6-2)$$

式（6-2）中，$C_D(c_i)$ 为点度中心度，a_{ij} 为节点 i 和其他城市间的有效联系数量。

（2）中介中心度，是指刻画某个节点对资源控制的程度，反映该节点在多大程度上控制着其他节点间的关系，如果一个节点处于许多点对的最短路径上，则该节点具有较高的中介中心度。中介中心度值越大，节点的中介控制能力越强，表达式为：

$$C_B(c_i) = \sum_{i \neq j \neq l} \frac{D_{jl}(i)}{D_{jl}} \qquad (6-3)$$

式（6-3）中，$C_B(c_i)$ 为中介中心度，D_{jl} 指临近 i 的两个节点 j 和 l 间的最短路径；$D_{jl}(i)$ 为通过节点 i 的路径。

（3）接近中心度，是指刻画某个节点不受其他节点控制的程度。如果一个节点与网络中所有其他节点之间的距离都很短，则该节点具有较高的接近中心度。一个节点的接近中心度为该节点与网络中所有其他节点的捷径距离之和。是以距离计算某一节点的中心程度，度值越大，该节点与其他节点的联系程度越紧密，表达式为：

$$C_c(c_i) = \frac{(n-1)}{\sum_{j \neq 1} d_{ij}} \qquad (6-4)$$

式（6-4）中，$C_c(c_i)$ 为接近中心度，d_{ij} 为节点 i 和节点 j 间的最短路径。

三、数据来源说明

基于社会网络分析的理论和方法，在铁路客运班次数据的基础上，利用 Ucinet6.0 软件建立城市关联网络，其中，城市为网络节点，节点间的关系和强度以城市间铁路客运班次来表示。数据来源于石开旅行时刻表（数据更新时间为 2008 年 10 月 14 日）和盛名时刻表（数据更新时间为 2020 年 9 月 1 日）。

第二节　省内铁路客运联系网络结构

一、省内铁路客运联系发展状况

河南大多数城市的省内直通城市数相对稳定，个别城市省内直通城市数量获得较大幅度的增长；京广和陇海两大铁路干线沿线城市省内直通城市数量较大。2008 年，河南绝大多数城市铁路直通的城市数都在 11 个城市以上，仅焦作直通城市数为 7 个，周口直通城市数为 5 个（见表 6 - 1）。到 2020 年，绝大多数城市的铁路直通城市数在 13 个以上，直通城市数增加最多的鹤壁、焦作和周口均增加了 4 个。郑州、新乡、开封、洛阳、安阳、许昌和漯河等干线沿线城市直通的城市数量位居前列，周口等位于铁路连接线沿线的城市直通城市数量较小（见表 6 - 2）。

表 6 - 1　2008 年省内铁路客运连接城市数、班次及所占比重

城市	城市数（个）	班次数（班）	占省内班次比重（％）	城市	城市数（个）	班次数（班）	占省内班次比重（％）
郑州	15	423	18.91	许昌	14	170	7.60

城市	城市数（个）	班次数（班）	占省内班次比重（%）	城市	城市数（个）	班次数（班）	占省内班次比重（%）
开封	12	143	6.39	漯河	14	212	9.48
洛阳	13	166	7.42	三门峡	13	110	4.92
平顶山	12	34	1.52	南阳	11	50	2.24
安阳	14	168	7.51	商丘	14	143	6.39
鹤壁	11	42	1.88	信阳	13	206	9.21
新乡	15	172	7.69	周口	5	5	0.22
焦作	7	16	0.72	驻马店	12	177	7.91

表 6 - 2　　2020 年省内铁路客运连接城市数、班次及所占比重

城市	城市数（个）	班次数（班）	占省内班次比重（%）	城市	城市数（个）	班次数（班）	占省内班次比重（%）
郑州	15	937	21.61	许昌	14	240	5.54
开封	14	216	4.98	漯河	14	328	7.57
洛阳	14	392	9.04	三门峡	12	191	4.41
平顶山	13	77	1.78	南阳	12	108	2.49
安阳	14	250	5.77	商丘	14	308	7.10
鹤壁	15	240	5.54	信阳	14	355	8.19
新乡	15	282	6.51	周口	9	63	1.45
焦作	11	45	1.04	驻马店	13	303	6.99

　　河南大多数城市的省内铁路客运班次总量都获得了较大幅度的提升，各城市铁路客运班次总量呈现出明显的层级序列特征，城市间铁路客运班次数量差距较大。2008～2020 年，8 个城市的省内铁路班次数量增加幅度在 100 班以上，尤其是郑州的省内铁路客运班次增加了 514 班，居全省城市首位，这与郑州在全省乃至全国的铁路交通枢纽地位是密不可分的，洛阳、鹤壁和商丘等

城市的增加幅度在 150 班以上，焦作、平顶山、周口和南阳等城市的省内铁路客运班次增幅较小，在 60 班以内，尤其是焦作仅增加了 29 班。对各城市省内铁路客运班次总量按照从大到小的排序，可发现河南城市的省内铁路客运班次总量呈现出明显的等级序列，2008 年，铁路客运班次规模首位度为 2.0，2020 年为 2.39，首位分布特征和等级分布特征典型（见图 6-1）。

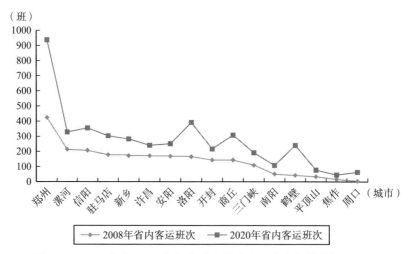

图 6-1 2008 年和 2020 年河南城市铁路客运班次规模等级及变化

通过各城市省内铁路客运班次占总量的比重来进一步反映各城市在省内铁路客运网络中的地位可以看出，首位城市郑州遥遥领先于其他城市，京港澳主通道沿线城市的班次占总量的比重普遍高于其他城市。2008 年，郑州市铁路客运班次占省内班次的比重为 18.91%，2020 年该比重增加到 21.61%，远高于其他城市，2008 年是最小的周口市的 84.6 倍，2020 年是最小的周口市的 14.9 倍。2008 年，安阳、许昌、开封、洛阳等京港澳主通道和陆桥通道沿线城市的省内铁路客运班次占比都在 7.5% 及以上，2020 年这些城市各占全省的比重虽有不同程度的降低，但仍然在 5.50% 以上。焦作、商丘、漯河和驻马店等城市铁路客运班次占全省的比重增加幅度都在 1 个百分点以上。周口、三门峡和信阳等边界城市的省内铁路客运班次占全省的比重还较低，在省内铁路交通中的地位也相对较弱（见图 6 - 2）。

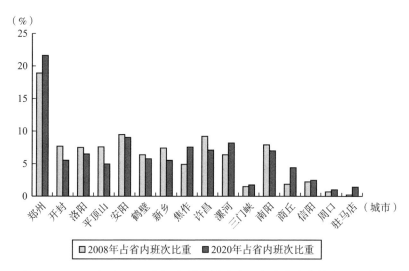

图 6 - 2　2008 年和 2020 年河南城市铁路客运班次占全省的比重及变化

二、省内城市网络整体特征

网络密度反映网络中节点之间联系的密集程度，网络密度越大，表明网络中节点间的关系越密切，河南城市的省内铁路客运网络联系广、密度大且呈不断拓展和完善的趋势。对河南城市铁路客运班次数据进行二值化处理，将存在直通联系的记为 1，将不存在直通联系记为 0。2008 年，河南城市间的省内铁路客运联系实际总连接边数 195 条，到 2020 年总连接边数增加到 213 条，最大可能的连接边数为 240 条，网络密度 2008 年为 0.81，到 2020 年网络密度增加到 0.89，表明河南省内铁路客运联系网络发育较好，呈不断完善的趋势（见表6-3）。

表6-3　　　2008年和2020年河南城市省内联系网络密度

名称	2008年	2020年
网络密度	0.81	0.89

三、省内城市网络节点中心性

（一）点度中心度

点度中心度反映节点与网络中其他节点直接联系的可能大小，点度中心度可进一步分解为点出度和点入度，反映网络中各城市主动辐射其他城市和被动接受其他城市影响的程度。点出度是向他人发出关系次数的量化，即为关系矩阵中点所在行上所有的数据之和；点入度是接收他人的关系次数的量化，即为关系矩阵上点所在列上所有数据之和。标准化的点出度和点入度是某节点的点出度或点入度与网络中其他节点最大可能的直接关系数的标准化相对值。2008年和2020年河南城市的出度和入度中心度之间存在较大的差异。2008年出度中心度的最大值和最小值分别为54.21和0.63，2020年出度中心度的最大值和最小值分别为48.01和2.17，两个年份出度中心度的标准差分别为12.83和10.40，城市间出度中心度差异较为明显，呈减小变化趋势，但整体差异变化不大。2008年，入度中心度的最大值和最小值分别为53.21和0.63，2020年，入度中心度的最大值和最小值分别为48.42和2.31，两个年份入度中心度的标准差分别为12.49和10.35，城市间入度中心度差距也较为明显，但差异呈减小趋势。

　　出度中心度和入度中心度都表现出明显的核心—边缘态势，郑州在全省城市网络中的中心地位越来越突出。具体来看，郑州、漯河、信阳、洛阳、新乡、驻马店、许昌的出度中心度和入度中心度都在 20 以上，郑州的点出度最高为 54.21，在省内铁路客运联系网络中一直都处于较高的位置，是河南省铁路干线沿线城市，经济发展水平最好的城市，也是河南省内铁路客运联系网络中主要的外溢和接收城市，是铁路客运网络的核心。南阳、平顶山、鹤壁、焦作和周口的出度中心度和入度中心度在省内铁路客运联系网络中处于较低水平，尤其是周口在省内铁路客运联系网络中的地位最低（见表 6-4），这些城市大多位于省域边界地区、非干线铁路沿线，处于河南铁路客运联系的外缘地带，与省内其他城市间的联系有待进一步提升。当然要说明的是，本书仅是根据铁路客运网络数据来反映城市间的联系可能程度，并不代表城市间的实际总体联系低。

表 6-4　2008 年和 2020 年河南城市省内铁路客运网络点度中心度

城市	2008 年		2020 年	
	点出度	点入度	点出度	点入度
郑州	54.21	53.21	48.01	48.42
开封	17.36	17.99	9.77	11.16
洛阳	24.65	20.88	20.65	20.26
平顶山	4.40	4.28	3.87	3.98
安阳	19.50	21.13	15.56	12.92
鹤壁	2.64	5.28	10.65	12.40
新乡	22.89	21.64	14.11	14.57
焦作	1.64	2.01	2.17	2.31
许昌	20.38	21.38	12.97	12.40

城市	2008 年		2020 年	
	点出度	点入度	点出度	点入度
漯河	26.16	26.67	17.78	16.95
三门峡	14.21	13.84	8.58	9.87
南阳	7.30	6.29	6.00	5.58
商丘	18.74	17.99	14.88	15.92
信阳	24.78	25.91	19.48	18.35
周口	0.63	0.63	3.41	3.26
驻马店	21.89	22.26	16.33	15.66

（二）中介中心度

节点中介中心度表明节点对网络中资源控制的程度，节点的中介中心度越高，说明该节点占据网络中的资源和信息越多。河南城市在省内铁路客运联系网络中的中介中心度分布差异显著，极化态势突出，个别城市在网络中处于中介控制地位，但研究期间城市间的中介中心度呈明显的减弱趋势。2008 年，河南城市中介中心度的最大值和最小值分别为 7.71 和 0，郑州、新乡、安阳、许昌和漯河五市的中介中心度在 4.89 以上，这些城市与其他城市联系紧密，在铁路客运网络中对其他城市具有较强的中转控制作用和影响力；而中介中心度较小的城市平顶山、焦作、鹤壁和周口的中介中心度在 0.34 以下，说明这些城市对其他城市的控制作用较弱，在网络中处于相对孤立地位。至 2020 年，随着城市间直通联系增强，各城市的中介中心度呈现出明显的降低趋势，中介中心度的相对差距也有所减小，郑州、新乡、鹤壁、安阳、许昌和信阳等城市的中介中心度均在 2.24 以上，在网络中依然具有较强的控制和中介作用，南阳、三门峡、焦作和周口在网络中的中介作用仍比较低，边缘化态势依然明显（见表6-5），但随着河南省米字形高速铁路网的建设，各城市实现铁路直通，城市在省内铁路客运联系的中介作用将会越来越小并趋于均衡。

表6-5 2008年和2020年河南城市省内铁路联系网络中介中心度

城市	2008年	2020年	城市	2008年	2020年
郑州	7.71	3.29	许昌	4.89	2.24
开封	1.91	1.30	漯河	4.89	1.79
洛阳	2.44	1.53	三门峡	1.56	0.08
平顶山	0.34	1.58	南阳	1.07	0.78
安阳	6.80	2.36	商丘	3.35	1.53
鹤壁	0.08	3.29	信阳	1.19	2.24
新乡	7.71	3.29	周口	0	0
焦作	0.17	0.08	驻马店	0.88	1.62

（三）接近中心度

接近中心度反映了一个节点不依赖其他城市的程度，因为其自身有连接其他节点城市的功能。接近中心度也可分为入接近中心度和出接近中心度，入接近中心度通过计算趋向一个节点的连接边来测量出其他点到达这个点的容易程度，一个点的入接近中心度越高，表明其他点到达这个点越容易；出接近中心度指的是一个节点到达其他点的容易程度，通过测算一个点到其他点的最短距离之和的倒数表示接近中心度，出接近中心度越大，这个点到达其他点就越容易。

2008年和2020年河南城市省内铁路客运网络中的联系便捷度均较高，但城市间接近中心度呈现明显的等级差异。两个年份郑州、新乡、安阳、许昌、漯河和商丘6个城市的入接近中心度和出接近中心度都在93.75及以上，尤其是郑州和新乡两市的入接近中心度和出接近中心度都为100，反映了这些城市和其他城市联系紧密，对其他城市具有较强的影响力且对其他城市的依赖性较小。洛阳、信阳、开封、平顶山、三门峡和驻马店等城市的入接近中心度和出接近中心度处于全省中等水平，说明这些城市对其他城市的影响力较弱，但自身也具有一定的连接其他城市的能力。焦作和周口的入接近中心度在全省的地位较低，说明其他城市到这几个城市的便捷程度较低，而且到达其他城市的便捷性也不高（见表6-6）。

表6-6　2008年和2020年河南城市省内联系网络接近中心度

城市	2008年		2020年	
	入接近性	出接近性	入接近性	出接近性
郑州	100.00	100.00	100.00	100.00
开封	83.33	83.33	93.75	88.24
洛阳	88.24	93.75	93.75	93.75
平顶山	83.33	83.33	88.24	93.75
安阳	93.75	93.75	93.75	100.00
鹤壁	78.95	68.18	100.00	100.00
新乡	100.00	100.00	100.00	100.00
焦作	65.22	65.22	78.95	68.18
许昌	93.75	93.75	93.75	100.00
漯河	93.75	93.75	93.75	93.75
三门峡	83.33	88.24	83.33	83.33
南阳	78.95	88.24	83.33	83.33
商丘	93.75	93.75	93.75	93.75
信阳	88.24	88.24	93.75	100.00
周口	60.00	60.00	71.43	68.18
驻马店	83.33	83.33	88.24	93.75

四、省内城市网络结构特征

基于铁路客运班次的城市网络主要反映各城市依托铁路客运

网络对外联系的空间格局以及交通基础设施对各城市空间关联的引导作用。由 2008 年和 2020 年河南城市间铁路客运联系网络可视化图可看出河南城市网络结构几个方面的特征（见图 6-3 和图 6-4）：

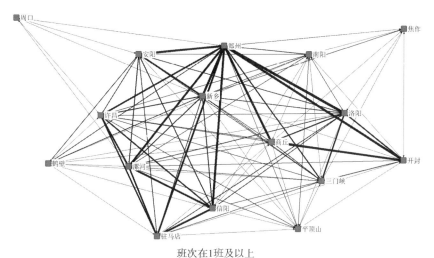

班次在1班及以上

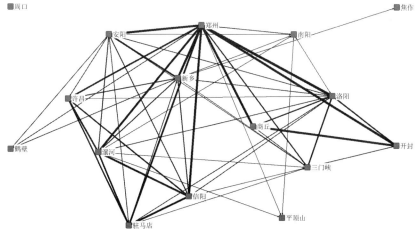

班次在5班及以上

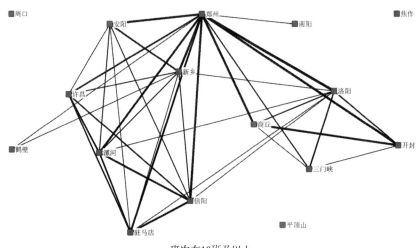

班次在10班及以上

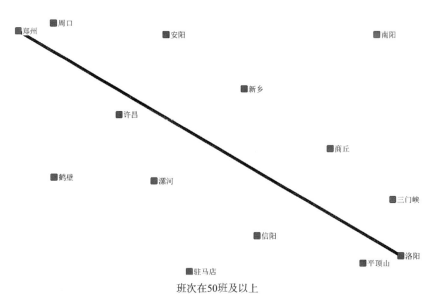

班次在50班及以上

图6-3 2008年河南城市省内铁路客运联系网络

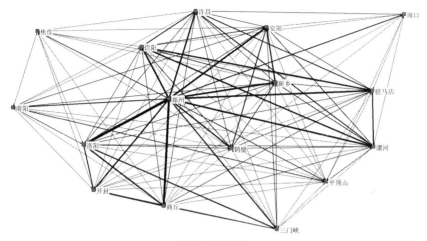

班次在1班及以上

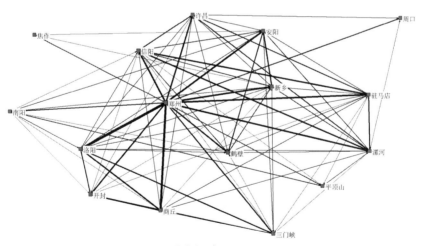

班次在5班及以上

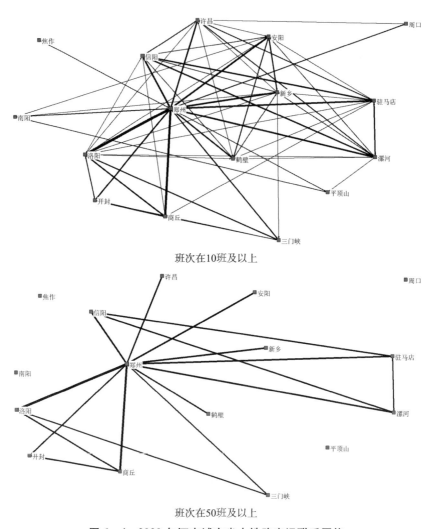

班次在10班及以上

班次在50班及以上

图 6－4 2020 年河南城市省内铁路客运联系网络

河南城市网络关联结构中城市之间联系强度表现出明显的层级结构特征。通过采用 Ucinet6.0 软件绘制 2008 年和 2020 年河南城市间铁路客运班次在 1 班及以上、5 班及以上、10 班及以上和 50 班及以上的铁路客运联系网络结构图，随着城市间铁路客运班次的增加，城市间连接边数越少。2008 年，城市铁路客运班次在 1 班及上连接边数为 195 条，班次在 5 班及上的连接边数为

90 条，班次在 10 班及上的连接边数为 62 条，班次在 50 班及上的连接边数仅为 1 条，2008 年郑州与洛阳铁路客运班次为 53 班。2020 年，高层级城市连接边数不断增加，班次在 5 班及上的连接边数增加到 140 条，班次在 10 班及上的连接边数增加到 100 条，班次在 50 班及上的连接边数增加到 31 条，尤其是郑州与 9 个城市间的铁路客运班次都增加到了 50 班以上，郑州与洛阳和商丘的铁路客运班次增加到 100 班以上，反映郑州在铁路客运网络中的枢纽地位，同时也反映了郑州作为河南省的首位城市和建设中的国家中心城市，对全省各城市的集聚与扩散影响作用。

河南城市省内铁路客运联系表现出明显的干线沿线城市导向性。郑州、开封、商丘、洛阳和三门峡 5 个城市位于国家铁路干线陇海铁路和"八纵八横"高铁网络的陆桥通道上，安阳、鹤壁、新乡、郑州、许昌、漯河、驻马店和信阳位于京广铁路和京港澳高铁通道上，焦作、濮阳、周口、平顶山和南阳位于区域连接线铁路沿线，路网等级相对较低。郑州是全国的铁路枢纽城市以及建设中的国家中心城市，2008 年，郑州市省内铁路客运联系班次在 10 班以上的城市均为陇海和京广两大铁路干线沿线城市；到 2020 年郑州与其他城市的铁路客运联系班次都在 20 班以上，与干线沿线城市的班次都在 50 班以上，与平顶山、焦作、周口和南阳的客运班次不足 40 班，可看出河南城市铁路客运联系表现出明显的干线沿线城市导向性。

城市省内铁路客运联系强度差距明显，部分城市由于线路等级较低，与干线沿线城市的连接强度有待提升。2008 年，平顶山、焦作、南阳和周口等城市与省内城市的连接班次总数不足 60 班，城市间最高联系班次数不足 10 班，尤其是周口仅与郑州、安阳、新乡、许昌和漯河 5 个城市开通有直达的列车班次。2020 年虽然河南城市铁路客运班次都获得了较大幅度的增加，但南阳、平顶山、焦作和周口与其他城市的差距还比较大，尤其是焦作与全省城市的铁路客运班次仅为 45 班，这也在很大程度上反映了米字形高速铁路网建设的必要性，尤其对推进周口、平顶山、南阳、焦作和濮阳纳入全省城市网络系统乃至全国城市网络系统中都具有显著的战略支撑意义。

河南城市网络的主导关联方向越来越明显，尤其是以郑州为中心的辐射网络是河南城市铁路客运网络的核心。在这里我们仅对铁路客运班次在 50 班以上的连接边的强度和方向进行分析，2008 年，河南城市铁路客运联系班次在 50 班以上的连接边仅为郑州和洛阳，铁路客运班次为 53 班。到 2020 年，铁路客运班次在 50 班以上的连接边增加到 31 条，其中郑州与 11 个城市的客运班次在 50 班以上，郑州—洛阳、郑州—商丘在 100 班以上，郑州与信阳、安阳、漯河、驻马店的客运班次在 70 班以上，郑州与新乡、许昌、开封、鹤壁的客运班次在 50 班以上；可看出河南城市的铁路客运联系格局基本上形成了以郑州为轴心，以京广、陇海—纵—横两大铁路干线沿线城市为轮辐的主导联系网络。

第三节　省际铁路客运联系网络结构

一、省际铁路客运联系发展状况

河南大多数城市的省际铁路直通城市数量获得不同程度的增加，处于省际边界的城市与省外直通城市的数量增加较多。选择与郑州直通的省外 145 个城市为研究对象，2008 年，河南城市的省外铁路客运联系城市数量还存在较大的差别，除郑州外，洛阳、信阳、漯河、许昌和三门峡等的省际铁路直通城市数在 90 个以上，绝大多数城市的省外直接联系城市数在 30 个以上，而焦作和周口的省外联系城市数量较少，尤其是周口市的铁路客运直接联系城市数仅 4 个（见表 6 - 7）。2020 年，商丘、洛阳、漯河、信阳、开封、新乡和南阳的省际铁路直通联系城市数增加到 100 个及以上，绝大多数城市的省际铁路直通联系城市数在 50 个以上，焦作和周口也增加至 40 个以上。从各城市省际铁路客运联系直通城市数量的变化来看，省际联系直通城市增加较多的是省际边界地区的铁路干线沿线或非干线沿线城市，诸如，鹤壁、商丘、南阳、开封、焦作、周口等城市的省际铁路客运直通城市数量增加都在 35 个以上，反映了这些城市的省际联系门户区位优势在显现（见表 6 - 8）。

表 6 - 7　　　　2008 年河南城市省际铁路客运连接城市数、
班次及占班次总量的比重

城市	城市数（个）	班次数（班）	占班次比重（%）	城市	城市数（个）	班次数（班）	占班次比重（%）
郑州	145	1094	22.61	许昌	91	247	5.10
开封	77	361	7.46	漯河	95	364	7.52
洛阳	103	515	10.64	三门峡	91	282	5.83
平顶山	43	55	1.14	南阳	60	138	2.85
安阳	73	332	6.86	商丘	82	405	8.37
鹤壁	37	57	1.18	信阳	100	381	7.87
新乡	87	314	6.49	周口	4	4	0.08
焦作	10	14	0.29	驻马店	84	276	5.70

表 6 - 8 　　　　2020 年河南城市省际铁路客运连接城市数、

班次及占班次总量的比重

城市	城市数（个）	班次数（班）	占班次比重（%）	城市	城市数（个）	班次数（班）	占班次比重（%）
郑州	145	2581	23.39	许昌	99	503	4.56
开封	117	524	4.75	漯河	119	704	6.38
洛阳	120	1164	10.55	三门峡	97	421	3.82
平顶山	57	96	0.87	南阳	104	296	2.68
安阳	93	638	5.78	商丘	130	1163	10.54
鹤壁	98	468	4.24	信阳	117	958	8.68
新乡	105	613	5.56	周口	41	140	1.27
焦作	47	75	0.68	驻马店	99	691	6.26

　　各城市省际铁路客运班次总量都获得了较大幅度的提升，各城市省际铁路客运班次总量差距较大，铁路客运班次总量呈现出明显的等级序列特征。2008～2020 年间各城市的省际铁路客运班次数量增加幅度平均在 387 班以上，特别是郑州的省际铁路客运班次增加了 1487 班，居全省城市首位，这与郑州在全国的铁路交通枢纽地位是密不可分的，商丘、洛阳、信阳、驻马店和鹤壁等城市的增加幅度在 400 班以上，平顶山、焦作、周口和三门峡等城市的省际铁路客运班次增幅较小，在 150 班以内，特别是平顶山仅增加了 41 班。对各城市省际铁路客运班次总量按照从大到小的排序可以发现，河南城市的省内铁路客运班次总量呈现出明显的等级序列（见图 6-5），2008 年铁路客运班次规模首位度为 2.12，到 2020 年为 2.22，省际客运班次的首位分布特征和等级分布特征仍然典型。

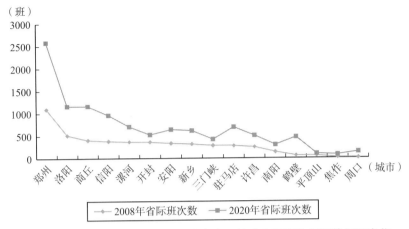

（班）

2008年省际班次数　　2020年省际班次数

图 6 – 5　2008 年和 2020 年河南城市省际铁路客运班次规模等级及变化

　　通过各城市省际铁路客运班次占总量的比重来进一步反映各城市在省际铁路客运网络中的地位可以看出，首位城市郑州遥遥领先于其他城市，铁路干线沿线城市的班次占总量的比重普遍高于其他城市。2008 年，郑州市铁路客运班次占省际班次的比重为 22.61%；2020 年，该比重为 23.39%，远高于其他城市，分别是最小的周口市的 273.5 倍和 34.4 倍多。2008 年，洛阳、商丘、信阳、漯河等铁路干线沿线城市的省际铁路客运班次占全省的比重都在 7.5% 及以上，2020 年这些城市各占全省的比重除漯河外都有不同程度的提升。南阳、周口、平顶山和焦作等非主通道沿线城市的省际铁路客运班次占全省的比重还较低，在省内铁路交通中的地位也相对较低，但随着郑合高速铁路、郑渝高速铁路和郑太高速铁路等部分路段的开通，这些城市的省际铁路客运联系也都获得不同程度的提升，尤其是周口省际铁路客运班次占全省的比重由 2008 年的 0.08% 增至 2020 年的 1.27%（见图 6 – 6）。

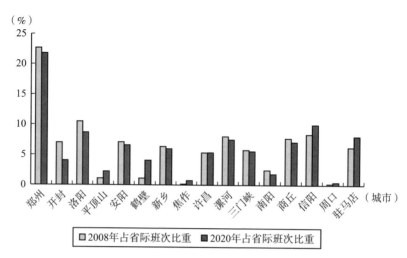

图 6－6　2008 年和 2020 年河南城市省际铁路
客运班次占总量的比重及变化

二、省际城市网络整体特征

对河南城市的省际铁路客运网络班次数进行二值化处理，将存在直通联系的记为 1，将不存在直通联系记为 0，2008 年，河南城市的省际铁路客运网络联系实际总连接边数 1182 条，到 2020 年，总连接边数增加到 1588 条，最大可能的连接边数为 2320 条，省际铁路客运联系网络密度 2008 年为 0.51，到 2020 年网络密度增加到 0.68，表明河南城市的省际铁路客运联系网络逐渐呈不断增强的发展趋势（见表 6－9）。

表 6－9　　　　2008 年和 2020 年河南城市省际联系网络密度

名称	2008 年	2020 年
网络密度	0.51	0.68

三、省际城市网络结构特征

利用 Ucinet6.0 软件的 NetDraw 绘图工具，得到 2008 年和 2020 年河南城市与省外城市铁路客运联系的可视化结构图，节点代表相对应的地级及以上城市，各节点间的有向线段表示城市间的联系强度和联系方向。

河南城市与省外城市铁路客运联系具有明显的层级特征，城市间铁路客运班次越多，连接边数则不断减小，但随着时间的推进，高层级城市网络连接边数也是不断增大的。绘制 2008 年和 2020 年河南城市与省外 145 个城市铁路客运班次在 1 班及以上、5 班及以上、10 班及以上和 50 班及以上的铁路客运联系网络结构图可以看出（见图 6 - 7 和图 6 - 8），随着城市间铁路客运班次的增加，城市连接边数不断减小，2008 年，城市铁路客运班次在 1 班及以上连接边数为 1182 条，班次在 5 班及以上的连接边数为 275 条，班次在 10 班以上的连接边数为 118 条，班次在 50 班及以上的连接边数仅为 1 条，2008 年郑州与石家庄铁路客运班次为 53 次。2020 年，高层级城市连接边数不断增加，高层级城市网络密度不断增大，班次在 5 班及以上的连接边数增加到 580 条，班次在 10 班及以上的连接边数增加到 279 条，班次在 50 班及以上的连接边数增加到 22 条。

然而，城市联系网络仍存在薄弱环节，部分城市尚未与省外主要城市建立直接的联系，连接边数有待增加，连接强度也有待提升。2008 年，周口、焦作、鹤壁和平顶山等城市由铁路直接连通的省外城市不足 45 个，连接强度也比较低，鹤壁对外连接的最高班次为 6 班，平顶山对外连接的最高班次仅为 4 班，周口对外连接最高班次仅为 1 班。到 2020 年，河南城市对外连接边数

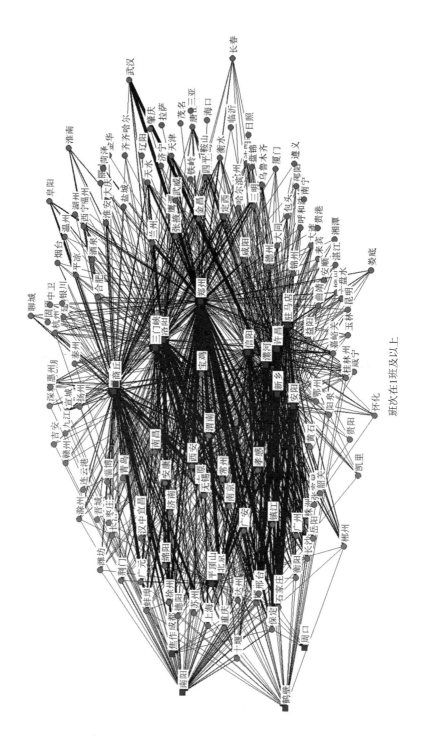

班次在1班及以上

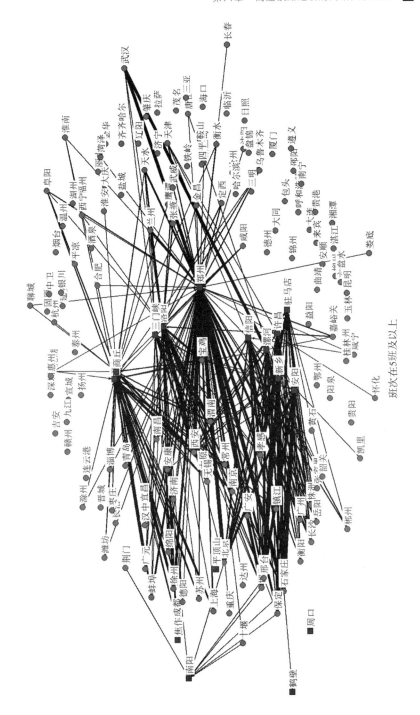

班次在5班及以上

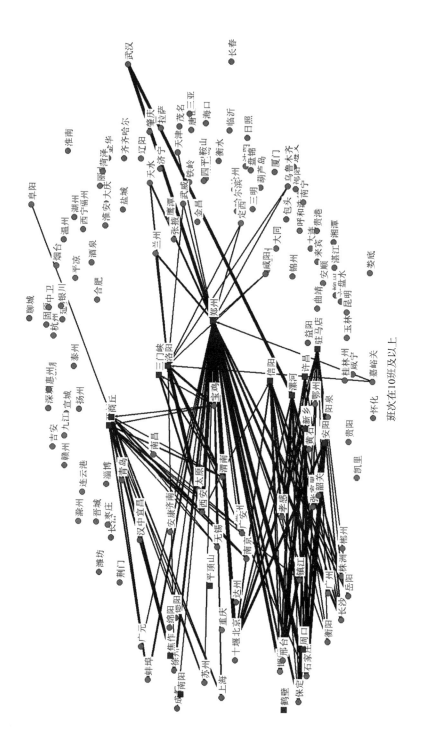

班次在10班及以上

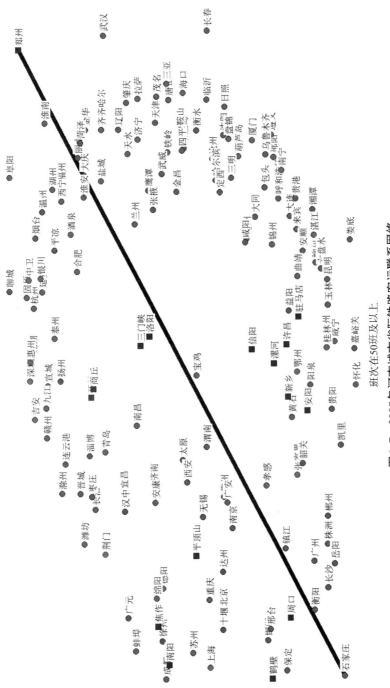

图6-7 2008年河南省城市省际铁路客运联系网络

班次在50班及以上

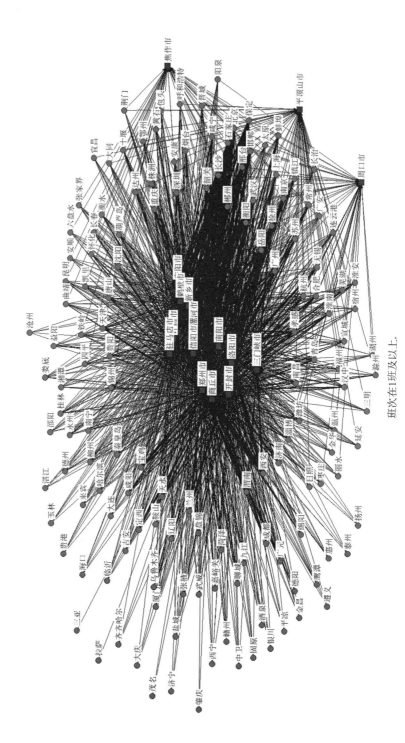

班次在1班及以上.

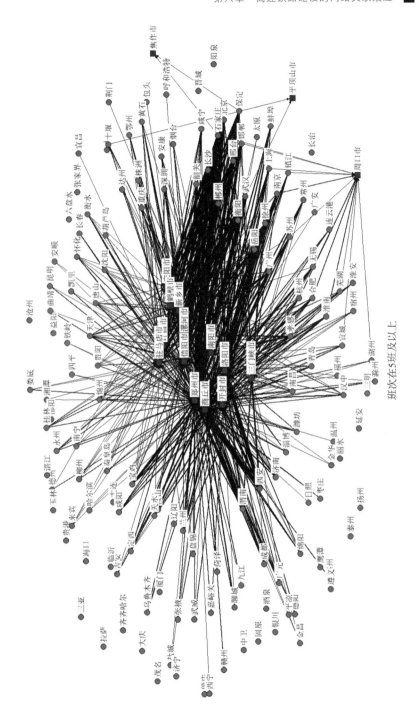

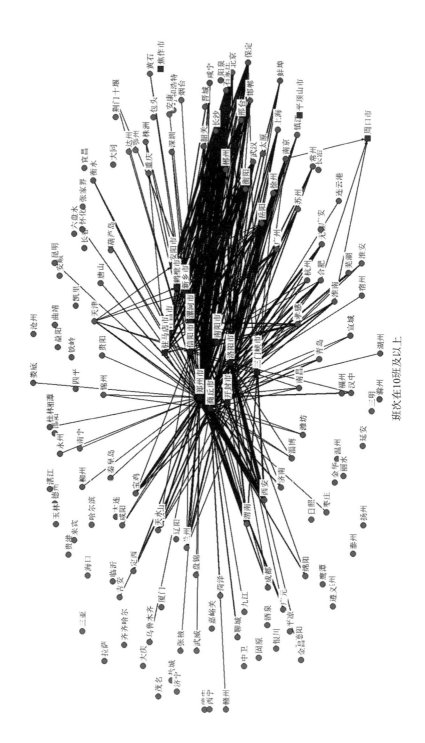

班次在10班及以上

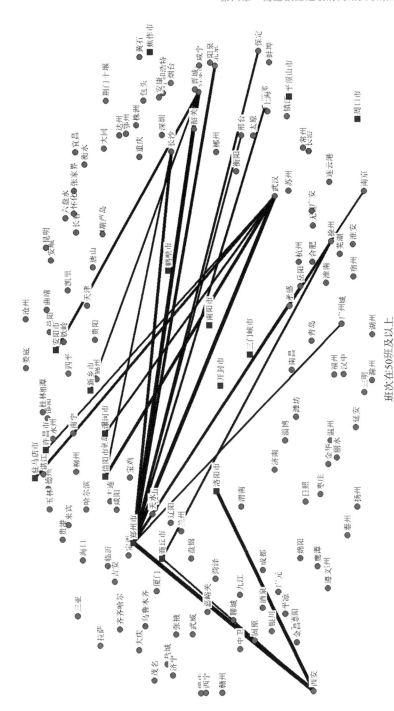

图6-8 2020年河南城市省际铁路客运联系网络

班次在50班及以上

都获得了不同程度的增加，尤其是随着河南省米字形高速铁路网的构建，焦作、周口和平顶山等逐步融入全国铁路网，周口、焦作和平顶山等城市直接连通的城市数增至 40 个以上。对外连接城市的最高班次也获得不同程度的增加，最高的郑州对省外城市的最大连接班次数增至 131 班，周口最大连接班次数也增至 16 班，焦作和平顶山还比较低，与省外城市的最大连接班次数仅 5 班。

河南城市的省际铁路客运联系的主导方向越来越明显。2008 年，河南城市省际铁路客运联系班次在 10 班及以上的连接边数为 118 条，其中，最高的郑州为 33 条，开封、商丘和信阳均为 11 条；而周口、焦作、鹤壁、平顶山和南阳等城市都为 0 条，这些城市的省际铁路客运联系连接边的最高班次也都在 10 班以下。2020 年，省际铁路客运班次在 10 班及以上的连接边增加到 263 条，其中最高的郑州为 72 条，洛阳、商丘和信阳在 20 条以上；而周口、南阳、焦作和平顶山联系班次在 10 班及以上的连接边数还较少。河南城市省际铁路客运联系基本上形成了以郑州为首，以陆桥通道、京港澳通道沿线洛阳、商丘、信阳、驻马店、漯河和许昌等城市为主导的对外联系网络。

河南城市省际铁路客运联系表现出明显的高等级城市导向性和干线沿线城市导向性。郑州是河南省的省会城市，全国的铁路枢纽以及国家中心城市，2008 年，郑州市省际铁路客运联系班次在 10 班及以上的 35 个城市中有省会城市 12 个，其他为京广铁路沿线城市、陇海铁路沿线城市和京沪铁路沿线城市；到 2020 年，郑州市省际铁路客运联系班次在 10 班及以上的 74 个城市中，有省会城市 21 个，京广铁路和京港澳通道沿线城市 17 个，京沪铁路和京沪客运专线沿线城市 11 个，陇海铁路和陆桥通道沿线城市 8 个，河南城市省际铁路客运联系的高等级城市导向性和干线沿线城市导向性特征突出。

第四节　与城市群铁路客运联系网络结构

一、城市群铁路客运联系发展状况

河南城市与城市群铁路客运班次总量存在较大差距，各城市与城市群的铁路客运班次总量的层级结构特征明显。横向比较来看，各城市与城市群的铁路客运班次规模还存在较大差距，2008年，最高的郑州与最小的周口相差达768班；2020年，最高的郑州与最小的焦作相差2089班。把各城市与城市群的铁路客运班次总量从大到小排序可以发现，各城市与城市群的铁路客运班次总量规模层级特征明显，2008年第一位城市与第二位城市的班次总量比为2.04，2020年第一位城市与第二位城市的铁路客运班次总量比为2.27。

各城市与城市群的铁路客运班次总量都获得了较大幅度的提升，但增加幅度相差较大，个别城市与城市群的铁路客运联系还较弱。2008～2020年间河南城市与城市群的铁路客运班次总量平均增加了344班，省会城市郑州与城市群的铁路客运班次总量增加幅度最大，从2008年的772班增加到2020年的2137班，增加了1365班；商丘、洛阳、信阳、鹤壁、驻马店、漯河等铁路干线沿线城市增加幅度在300班以上；焦作和平顶山的增加幅度不足100班，南阳和周口等随着米字形高速铁路网的建设与省外城市联系薄弱的状况得到明显改观，与各城市群铁路客运班次增加幅度都在100班以上（见表6-10）。

表 6-10　　　　　　　河南城市与各城市群铁路客运班次总量　　　　单位：班

城市	2008 年	2020 年	城市	2008 年	2020 年
郑州	772	2137	许昌	193	434
开封	246	403	漯河	305	615
洛阳	379	934	三门峡	222	330
平顶山	42	84	南阳	112	243
安阳	275	555	商丘	284	940
鹤壁	41	411	信阳	326	824
新乡	248	515	周口	4	132
焦作	5	48	驻马店	225	578

　　河南城市与各城市群的铁路客运联系强度也存在较大的差距。2008 年，郑州与各城市群的铁路客运班次总量居全省首位，其中，郑州与京津冀城市群的铁路客运联系班次最高为 173 班，另外，郑州与长三角、郑州与长江中游、郑州与关中平原、洛阳与关中平原、安阳与京津冀、新乡与京津冀、漯河与长江中游城市群的铁路客运联系班次都在 100 班以上，多数城市与城市群的铁路客运班次都在 20 班以下，焦作除与京津冀外，尚未与其他城市群建立直接的铁路客运联系，周口除与京津冀城市群外，也尚未与其他城市群建立直接的铁路客运联系（见表 6-11）。2020 年，河南城市与各城市群的铁路客运班次获得不同程度的提升，郑州与京津冀城市群的铁路客运联系班次达到 490 次，居全省首位，郑州与长江中游城市群的联系班次 479 班，不少城市与京津冀城市群、长江中游城市群的铁路客运联系班次增至 100 班以上，焦作、周口也长三角、珠三角、京津冀和长江中游等城市群建立了直接的铁路客运联系，但与其他城市相比，焦作和周口与城市群的铁路客运联系强度还比较低（见表 6-12）。

单位：班

表6-11　2008年河南城市与各城市群客运班次数

城市群	郑州	开封	洛阳	平顶山	安阳	鹤壁	新乡	焦作	许昌	漯河	三门峡	南阳	商丘	信阳	周口	驻马店
长三角	134	99	62	5	6	6	6	0	5	12	36	24	120	23	0	7
珠三角	26	3	8	2	8	1	4	0	9	14	6	7	3	24	0	14
京津冀	173	10	52	10	169	10	146	5	72	92	35	29	16	96	4	68
长江中游	165	11	44	10	47	10	34	0	60	131	34	21	9	121	0	90
成渝	43	20	29	6	15	9	15	0	6	6	18	17	20	3	0	0
哈长	14	0	7	0	0	0	0	0	7	2	7	0	1	7	0	3
辽中南	12	0	6	0	4	0	6	0	5	3	4	0	1	5	0	4
山东半岛	50	34	23	5	3	0	9	0	10	12	17	5	46	7	0	6
海峡西岸	7	4	4	0	0	0	0	0	2	2	1	1	5	5	0	2
北部湾	8	0	0	0	2	0	2	0	3	5	0	0	0	5	0	5
关中平原	140	65	144	4	21	5	26	0	14	26	64	8	63	30	0	26

表 6 - 12　2020 年河南城市与各城市群客运班次数

单位：班

城市群	郑州	开封	洛阳	平顶山	安阳	鹤壁	新乡	焦作	许昌	漯河	三门峡	南阳	商丘	信阳	周口	驻马店
长三角	383	128	206	19	23	32	39	5	11	22	76	31	292	61	91	4
珠三角	110	9	37	4	18	10	12	3	41	51	11	15	48	73	2	56
京津冀	490	30	143	18	294	195	234	24	109	145	58	55	73	151	18	105
长江中游	479	37	112	29	97	94	103	10	189	279	32	63	104	356	10	295
成渝	110	20	67	3	28	16	36	3	3	4	24	21	39	10	0	1
哈长	24	10	4	0	5	9	7	2	9	7	0	5	26	7	0	6
辽中南	37	9	14	0	19	16	17	1	14	11	8	2	21	13	0	12
山东半岛	155	58	66	3	29	13	21	0	19	33	22	13	171	38	6	32
海峡西岸	38	13	22	2	0	0	1	0	10	19	3	10	32	31	3	16
北部湾	23	1	0	0	2	2	2	0	10	9	0	1	5	12	0	12
关中	288	88	263	6	40	24	43	0	19	35	96	27	129	72	2	39

二、与城市群联系网络整体特征

对河南城市与城市群的铁路客运联系班次数据进行二值化处理，通过 Ucinet6.0 软件运算得到河南城市与各城市群铁路客运联系的网络密度。

研究期间河南城市与城市群铁路客运联系的网络密度还存在较大的差距。2008 年，河南城市与 11 个城市群联系的网络密度平均为 0.30，其中与京津冀、关中平原城市群的网络密度在 0.5 以上，与京津冀城市群的联系网络密度最大为 0.57，与海峡西岸城市群的联系网络密度最小为 0.11。2020 年，各城市与城市群的联系网络密度的平均值增至 0.47，与京津冀城市群的联系网络密度增加至 0.69，与关中平原、长江中游、山东半岛城市群的网络密度在 0.55 以上，与北部湾城市群的联系网络密度最小，仅为 0.20（见表 6 – 13）。

表 6 – 13　　　　　　　河南城市与城市群联系网络密度

城市群	2008 年	2020 年	城市群	2008 年	2020 年
长三角	0.38	0.55	辽中南	0.22	0.49
珠三角	0.18	0.38	山东半岛	0.32	0.57
京津冀	0.57	0.69	海峡西岸	0.11	0.34
长江中游	0.41	0.66	北部湾	0.13	0.20
成渝	0.30	0.35	关中平原	0.52	0.63
哈长	0.17	0.28			

研究期间河南城市与城市群铁路客运联系的网络密度均表现出不同程度的提升。河南城市与 11 个城市群的铁路客运联系网

络密度在 2008～2020 年间平均增加了 0.17，其中，提升幅度最大的是与辽中南城市群之间的联系密度，网络密度增加了 0.27，与长江中游、山东半岛、海峡西岸、珠三角和长三角城市群等的联系网络密度增加幅度也都在 0.17 以上，与成渝城市群联系网络密度增加幅度最小为 0.05。

三、与城市群联系网络空间结构特征

根据前述分析，分别选择铁路客运联系网络密度居前三位的京津冀、长江中游和关中平原城市群，对河南城市与城市群铁路客运联系网络空间结构特征进行分析，利用 NetDraw 绘图工具，得到 2008 年和 2020 年河南城市与城市群铁路客运联系网络的可视化结构图。

（一）与京津冀城市群联系网络结构

2008～2020 年河南城市与京津冀城市群铁路客运联系的关联边数和联系强度不断增强。利用 NetDraw 工具分别绘制 2008 年和 2020 年两个年份铁路客运班次在 1 班及以上、5 班及以上、10 班及以上和 50 班及以上的关联网络结构图，河南城市与京津冀城市群的铁路客运网络连接边数不断增加，联系班次在 1 班及以上的连接边数由 2008 年的 119 条增加到 2020 年的 144 条，联系班次在 5 班及以上的连接边数由 2008 年的 52 条增加到 2020 年的 97 条，联系班次在 10 班以上的连接边数由 2008 年的 28 条增加到 2020 年的 62 条，联系班次在 50 班及以上的连接边数由 2008 年的 1 条增加到 2020 年的 7 条（见表 6－14）。铁路客运联系强度也不断增强，2008 年，铁路客运联系强度最高的郑州—石家庄间的班次为 53 次，到 2020 年联系强度最高的郑州—石家庄间的班次增加到 130 班。横向比较，随着城市间铁路客运联系班次的增加，与城市群的连接边数不断减小，网络密度也逐步降低，2008年联系班次在 1 班及以上的网络密度为 0.57，联系班次在 50 班及以上的网络密度降低为 0.01；2020 年联系班次在 1 班及以上的网络密度为 0.69，联系班次在 50 班及以上的网络密度为 0.03。

表 6 - 14　　　　河南城市与京津冀城市群的连接边数及网络密度

层级（班）	连接边数（条）		网络密度	
	2008 年	2020 年	2008 年	2020 年
≥1	119	144	0.57	0.69
≥5	52	97	0.25	0.47
≥10	28	62	0.14	0.30
≥50	1	7	0.01	0.03

河南城市与京津冀城市群铁路客运联系的主导联系方向基本形成。所谓主导联系方向为联系强度高的城市间的联系，河南城市与京津冀城市群联系强度在 50 班及以上的连接边数由 2008 年的 1 条增加到 2020 年的 7 条，分别为郑州、安阳、鹤壁、新乡和信阳等京广铁路和京港澳主通道沿线城市与京津冀城市群间的联系构成了河南城市与京津冀城市群的主导联系方向，其中，郑州—石家庄、郑州—北京间的铁路客运班次在 95 班以上，其次，郑州—保定、郑州—邯郸、安阳—石家庄、安阳—北京、安阳—保定、新乡—石家庄等的联系强度在 50 班以上，安阳—邢台、鹤壁—石家庄、新乡—北京等的联系强度在 30 班以上（见图 6 - 9 和图 6 - 10）。

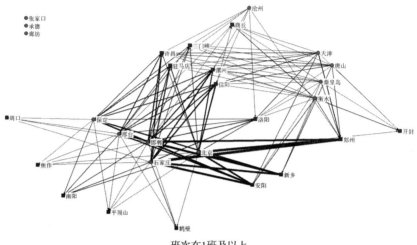

班次在1班及以上

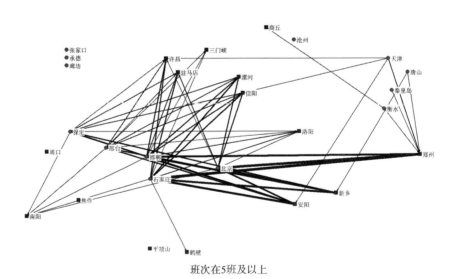

班次在5班及以上

高速铁路的区域空间效应研究

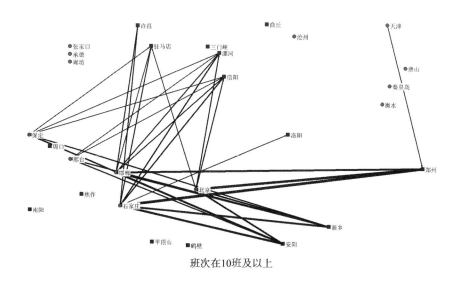

班次在10班及以上

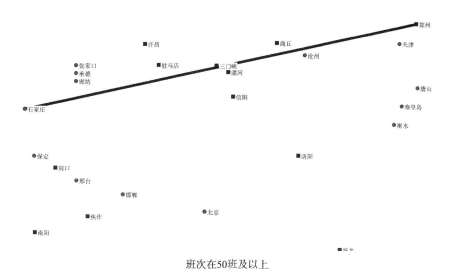

班次在50班及以上

图 6 – 9　2008 年河南城市与京津冀城市群的联系网络

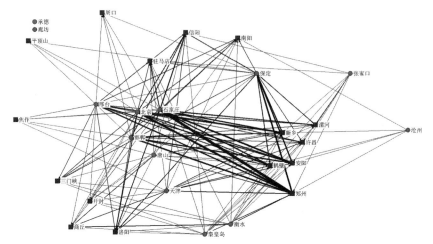

班次在1班及以上

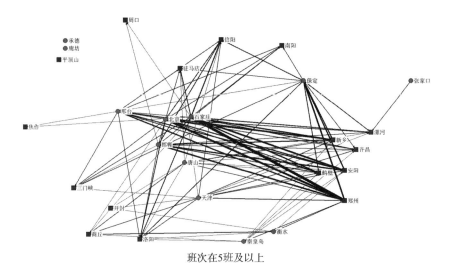

班次在5班及以上

■ 高速铁路的区域空间效应研究

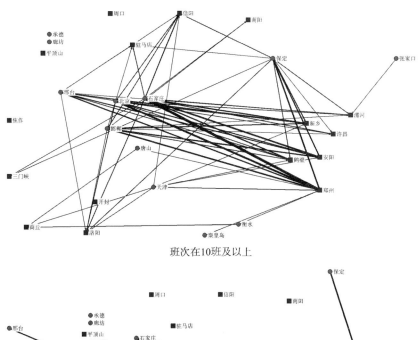

班次在10班及以上

班次在50班及以上

图 6－10　2020 年河南城市与京津冀城市群的联系网络

（二）　与长江中游城市群联系网络结构

2008～2020 年河南城市与长江中游城市群铁路客运联系的关联边数和联系强度不断增强。利用 NetDraw 工具分别绘制 2008 年和 2020 年两个年份铁路客运班次在 1 班及以上、5 班及以上、10 班及以上和 50 班及以上的关联网络结构图，河南城市与长江中游城市群城市的铁路客运网络连接边数不断增加，联系班次在 1 班及以上的连接边数由 2008 年的 169 条增加到 2020 年的 275 条，联系班次在 5 班及以上的连接边数由 2008 年的 38 条增加到 2020 年的 103 条，联系班次在 10 班及以上的连接边数由 2008 年的 21 条增加到 2020 年的 58 条，联系班次在 50 班及以上的连接边数由 2008 年的 0 条增加到 2020 年的 8 条（见表 6 – 15）。铁路客运联系强度也不断增强，2008 年铁路客运联系强度最高的郑州—武汉间的班次为 44 班，到 2020 年联系强度最高的郑州—武汉间的班次增加到 127 班。横向比较而言随着城市间铁路客运联系班次的增加，与城市群的连接边数不断减少，网络密度也不断降低，2008 年联系班次在 1 班及以上的网络密度为 0.41，联系班次在 50 次以上的网络密度降低为 0；2020 年联系班次在 1 班及以上的网络密度为 0.66，联系班次在 50 班及以上的网络密度为 0.02。

表 6 – 15　　　　　河南城市与长江中游城市群的连接边数及网络密度

层级（班）	连接边数（条）		网络密度	
	2008 年	2020 年	2008 年	2020 年
≥1	169	275	0.41	0.66
≥5	38	103	0.09	0.25
≥10	21	58	0.05	0.14
≥50	0	8	0	0.02

　　河南城市与长江中游城市群铁路客运联系的主导联系方向基本形成。河南城市与长江中游城市群各城市的联系强度在 50 班及以上的连接边数由 2008 年的 0 条增加到 2020 年的 8 条，分别为郑州、许昌、漯河、信阳和三门峡等与长江中游城市群间的联系。京广铁路和京港澳主通道沿线城市与长江中游城市群间的联系构成了河南城

市与长江中游城市群的主导联系方向，其中，郑州—武汉、郑州—长沙、信阳—武汉间的铁路客运班次在85班以上，其次为郑州—岳阳、许昌—武汉、漯河—武汉、信阳—长沙、驻马店—武汉和驻马店—长沙间的联系强度在50班以上，郑州—衡阳、漯河—长沙、信阳—衡阳等的联系强度在40班以上，共同构成了河南城市与长江中游城市群间的主要联系方向（见图6－11和图6－12）。

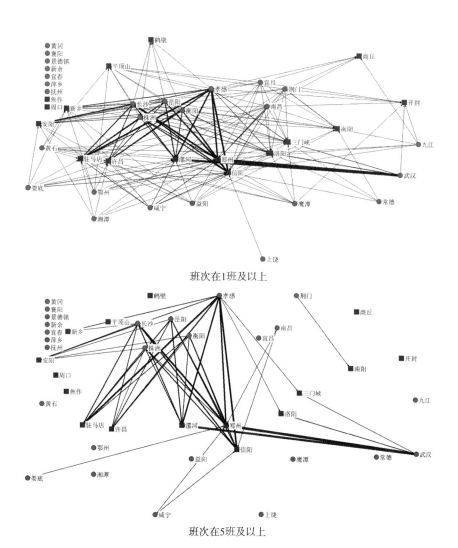

班次在1班及以上

班次在5班及以上

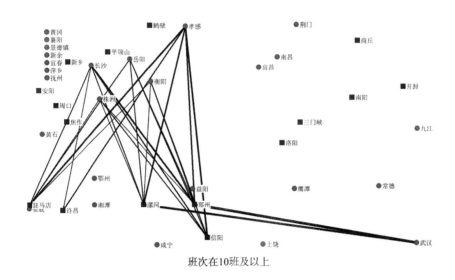

班次在10班及以上

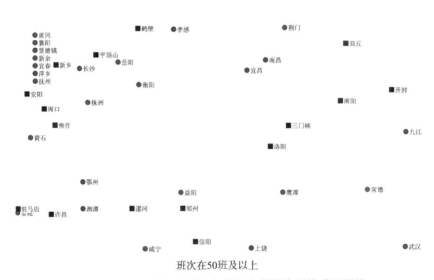

班次在50班及以上

图 6－11　2008 年河南城市与长江中游城市群的联系网络

　高速铁路的区域空间效应研究

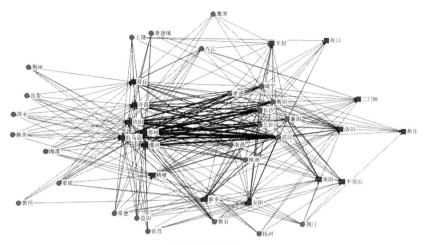

班次在1班及以上

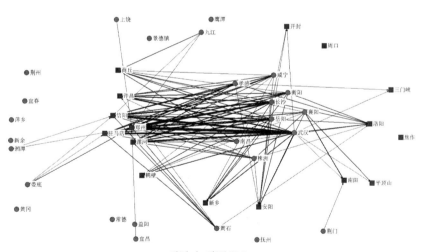

班次在5班及以上

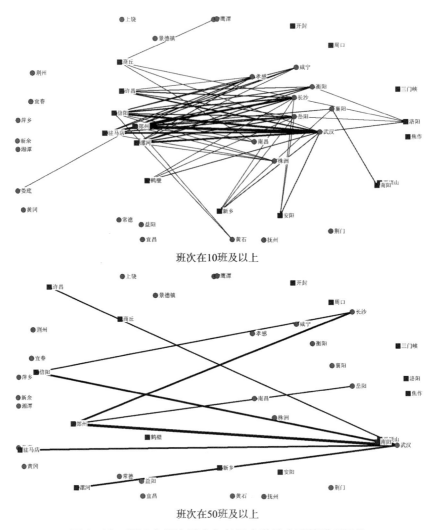

班次在10班及以上

班次在50班及以上

图 6 - 12　2020 年河南城市与长江中游城市群的联系网络

（三）与关中平原城市群联系网络结构

2008～2020 年河南城市与关中平原城市群铁路客运联系的关联边数和联系强度不断增强。通过绘制 2008 年和 2020 年两个年份铁路客运班次在 1 班及以上、5 班及以上、10 班及以上和 50 班及以上的关联网络结构图，河南城市与关中平原城市群的铁路

■ 高速铁路的区域空间效应研究

客运网络边数不断增加，联系班次在 1 班及以上的连接边数由 2008 年的 83 条增加到 2020 年的 100 条，联系班次在 5 班及以上的连接边数由 2008 年的 31 条增加到 2020 年的 48 条，联系班次在 10 班及以上的连接边数由 2008 年的 19 条增加到 2020 年的 32 条，联系班次在 50 班及以上的连接边数由 2008 年的 0 条增加到 2020 年的 3 条（见表 6 – 16）。铁路客运联系强度也不断增强，2008 年铁路客运联系强度最高的郑州—西安间的班次为 49 班，到 2020 年联系强度最高的郑州—西安间的班次增加到 131 班。横向比较而言随着城市间铁路客运联系强度的增加，与城市群的连接边数是不断减少的。网络密度不断降低，2008 年联系班次在 1 班及以上的网络密度为 0.52，联系班次在 50 班及以上的网络密度降低为 0；2020 年联系班次在 1 班以上的网络密度为 0.63，联系班次在 50 班及以上的网络密度为 0.02。

表 6 – 16　　　　　　　河南城市与关中平原城市群的
连接边数及网络密度

层级（班）	连接边数（条）		网络密度	
	2008 年	2020 年	2008 年	2020 年
≥1	83	100	0.52	0.63
≥5	31	48	0.19	0.30
≥10	19	32	0.12	0.20
≥50	0	3	0	0.02

河南城市与关中平原城市群铁路客运联系的主导联系方向基本形成。河南城市与关中平原城市群的联系强度在 50 班及以上的连接边数由 2008 年的 0 条增加到 2020 年的 3 条，主要是省会郑州、洛阳和商丘三地市与关中平原城市群西安、宝鸡、渭南等

城市间的联系构成了河南城市与关中平原城市群的主导联系方向，其中郑州—西安、洛阳—西安间的铁路客运班次在100班以上，其次为郑州—宝鸡、郑州—渭南、洛阳—宝鸡、洛阳—渭南、三门峡—西安等的客运班次在40班以上，构成了河南城市与关中平原城市群的主导联系方向，同时也可看出西安、宝鸡、渭南三地市是河南城市的主导联系城市（见图6-13和图6-14）。

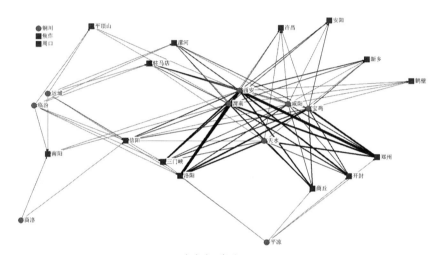

班次在1班及以上

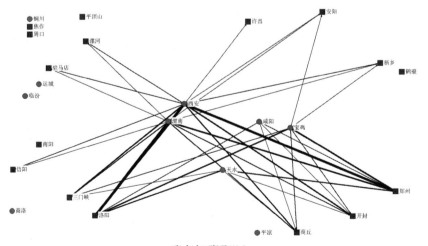

班次在5班及以上

　高速铁路的区域空间效应研究

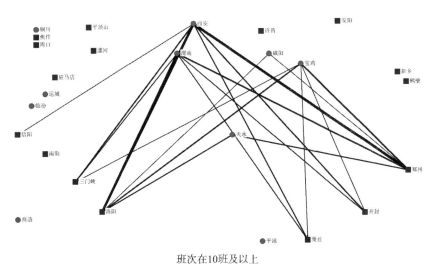

班次在10班及以上

班次在50班及以上

图 6 – 13 2008 年河南城市与关中平原城市群的联系网络

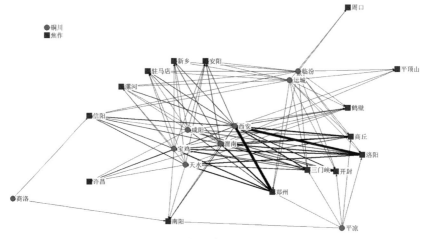

班次在1班及以上

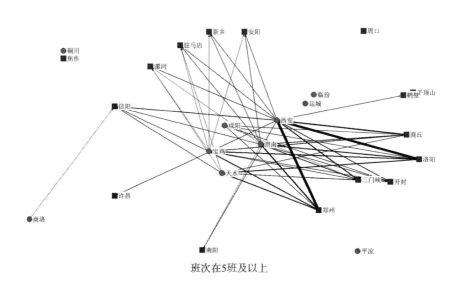
班次在5班及以上

高速铁路的区域空间效应研究

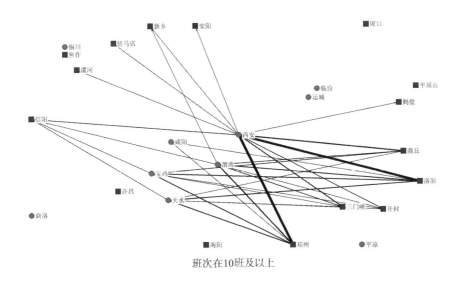

班次在10班及以上

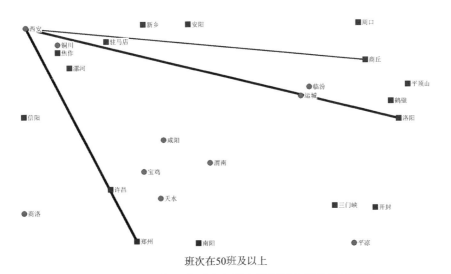

班次在50班及以上

图 6 - 14　2020 年河南城市与关中平原城市群的联系网络

第七章

高速铁路建设的空间结构效应

第一节　区域空间结构及分析方法

一、区域空间结构概念及理论

关于区域空间结构的定义目前学术界并没有达成一致的建解，陆大道（1995）认为空间结构是社会经济客体在空间上相互作用和相互关系，以及反映这种关系的客体和现象的空间集聚程度和集聚形态；陆玉麒（1998）认为空间结构是区域中各系统、各要素间的空间组织关系，包括要素在空间中相互位置、相互关联、相互作用、集聚程度、集聚规模以及地区的相对平衡关系等；李小建（1999）认为空间结构是一个区域内的各种经济活动的空间分布状态及空间组合形式。本书认为区域空间结构是社会经济各要素在空间上相互作用所形成的分布形态、组合形式及其所承担的特定功能。

　　空间结构理论始于德国的古典区位论，包括农业区位论、工业区位论和中心地理论。1826 年，德国学者杜能（Thunen）出版的《孤立国同农业和国民经济的关系》一书系统阐述了农业区位的同心圆结构模式。1909 年，德国经济学家韦伯（Weber）发表的《工业区位论》标志着工业区位理论的诞生。1933 年，德国学者克里斯泰勒（Christaller）将地理学的空间观点和经济学的静态均衡相结合，在农业区位论和工业区位论的基础上运用演绎方法提出了城市规模、城市数量和城市空间分布相关关系的中心地理论。20 世纪 50 年代，美国学者邓恩（Dunn）和德国学者奥托伦巴（Otremba）分别提出了空间结构的概念，把古典区位论发展为空间结构理论作出了突出贡献。艾萨德（Isard）主张从空间经济学的立场研究区位论，通过引入各种计量经济学方法进行产业区位的综合分析，拓宽了空间结构的理论范畴。空间结构理论是在古典区位论基础上产生并向实践应用方向发展的产物，经过德国、美国、瑞典和中国学者的研究和发展对国土空间开发和区域发展战略研究与规划具有重要理论价值。

　　国内早期对空间结构的研究主要集中于对国外相关理论的引进和实证，尤其是对中心地理论的检验做了不少工作。20 世纪 80 年代中期，国内区域空间结构理论的开创者陆大道在深入分析宏观区域发展的过程中吸收了据点开发和轴线开发论的有益成分，提出了点—轴渐进式空间扩散理论，或称点—轴式空间结构理论（陆大道，1988，1990，1995）。叶大年等（2001）提出地理学的对称理论，并提出了五条对称原理。陆玉麒（1998）在对皖赣沿江地区进行研究的基础上提出了双核型空间结构理论，并从现象发现、机理分析、数学建模和实践应用等方面进行了系统研究。魏后凯（1988）提出网络式空间结构理论，认为随着点轴系统内轴线连接和扩展，将形成一个纵横交错、遍布全区的空间网络。网络空间结构中，点和点之间会建立多路径的联系通道，形成纵横交错的交通、通信、动力供给网络。覃成林等（2016）提出多极网络空间发展格局思想，认为在国家层面上应构建多极网络空间发展格局，在全国范围内形成多极支撑、轴带衔接、网络关联、极区互动、各具活力的区域经济发展新格局，促进全国区域经济走向相对平衡、协调发展的新阶段。随着我国城市化进程的加快以及区域一体化进程的不断推进，尤其是随着高速交通体系和信息网络建设的加快，区域空间结构将逐步从中心地等级体系向网络化模式转变，网络交互作用在区域空间组织中的作用越来越重要。

二、区域空间结构的分析方法

经济活动各要素在地理空间上表现为不同的分布形态，工商业活动场所通常表现为点，交通、通信等基础设施表现为线，农业生产区域则表现为面。这些具有不同特质或经济意义的点、线、面依据其内在的经济联系和空间位置关系，相互连接在一起，就形成了具有特定功能的区域空间结构。所以，点、线、面和网络是区域空间结构的基本构成要素。对区域空间结构各要素空间特征进行描述、测度与解释分析就是区域空间结构分析，孟德友（2016）指出区域空间结构分析方法主要包括极点分析法、等值线分析法、网络分析法、相互作用分析法、密度分析法、面等级体系分析法、栅格分析法和系统动力学分析法，其中相互作用分析法包括引力模型、潜力模型和场强模型等，面等级体系法包括城市腹地分析、城市等级体系分析等。这里采用经济潜力模型和日常可达性对河南区域空间结构进行分析。

(一) 经济潜力模型

城市作为区域的核心对周边地区具有辐射带动作用，经济潜力常被用来表达城市接受其他城市辐射带动作用的总和。经济潜力的大小与城市质量或规模成正比，与城市间的距离（里程、时间或费用）成反比，具体表达式为：

$$p_i = \sum_{j=1}^{n} \frac{M_j}{D_{ij}^a} \tag{7-1}$$

式 (7-1) 中，P_i 表示城市 i 的经济潜力；M_j 表示 j 城市的质量或规模，采用城市 GDP 和人口总量的几何平均值表示；D_{ij} 为 i 城市到达 j 城市的距离成本（里程、时间或费用）等，采用两城市间的最短旅行时间表示；a 为 i 与 j 城市间的摩擦系数，通常取值为 1。

(二) 日常可达性

日常可达性是指一日内从 i 城市到其他地区进行各种活动的程度和数量，可用活动的人流或物流量来度量，也可用最大可达地域范围表示，与此相通的还有一日交流圈、一日交通圈等概念。早在 20 世纪 90 年代日本学者就提出以单程 3 小时可达范围为一日交流圈，国内学者王德等结合中国的交通情况提出单程 2.5 小时可达范围为一日交流圈，参考已有对一日交流圈的界定，将日常可达性界定为以 i 城市为出发点单程 1 小时、2 小时或 3 小时内可达到的范围。

第二节 高铁对河南区域空间结构的影响

一、郑州的极化与集聚效应进一步增强

2008 年，河南城市的省内可达性平均值为 3.16 小时，低于平均值的 8 个城市中最优的郑州可达性值为 1.80 小时，其次为许昌、漯河、驻马店和新乡等干线沿线城市；高于平均值的 9 个城市多为边界或非干线沿线城市，三门峡、商丘等边界城市及南阳等非干线沿线城市的省内可达性值都在 4 小时以上。随着河南省高速铁路网的建设，2020 年，各城市的省内平均可达性获得了较大幅度的提升，可达性水平前五位的都已降至 1.30 小时以内，郑州为 0.70 小时，15 个城市的可达性值降至 2 小时以内，8 个城市在 1.50 小时以内，商丘、三门峡、鹤壁、南阳和周口等地可达性得到大幅改善。郑州与邻接地区间的旅行时间大幅度压缩，与开封、新乡、许昌和漯河等的到达时间分别由 2008 年的 0.45 小时、0.65 小时、0.67 小时和 0.82 小时降至 2020 年的 0.33 小时、0.33 小时、0.37 小时和 0.55 小时，省会郑州的"虹吸效应"进一步增强，人口、资源、资金等生产要素进一步向心集聚，常住人口规模加快增长，建成区面积快速拓展，房地产价格稳步快速增长，成为河南乃至中部地区经济的增长中心。产业集聚带动以郑州为中心的高铁沿线地区经济迅速发展，城市新区、城乡一体化示范区和卫星城镇快速崛起，包括郑东新区、高铁片区和白沙组团、郑州航空港经济综合实验区和许昌城乡一

体化示范区等的土地利用日益多样化，逐步由农业用地向居住、商服、工矿和仓储用地转变。

二、高铁沿线城市省内区位优势显著增强

经济潜力可在一定程度上表征城市在区域城市体系中的区位优势和对外联系中相对地位的高低，2008 年，各城市省内经济潜力平均为 1460，高于平均值的城市中开封、许昌、漯河、新乡和驻马店等京广沿线城市位列前五，经济潜力值在 1995 以上，经济潜力处于平均值以下的有南阳、三门峡、焦作、平顶山和商丘等 8 个城市，这些城市受其他地区辐射带动作用还比较小。2020年，7 个城市的经济潜力值在平均值 6978 以上，许昌最高达 10241，大多数城市的经济潜力增至 5000 以上，南阳、信阳和三门峡等的经济潜力也达 3600 以上，高铁网络建设有利于各城市区位优势的均衡化和发展机会的均等化。2008～2020 年，各城市经济潜力均获得了大幅度提升，平均提升幅度为 5518，该阶段经济潜力提升幅度较大的主要为郑太和郑渝高铁沿线城市，焦作、许昌等城市的提升幅度都在 8000 以上。以郑州为中心，包括开封、新乡、许昌和漯河等位居河南中部的城市的省内区位优势明显增强，中心城市辐射带动作用将催生沿线地区县市人口和产业的集聚，投资和发展机会的均等，以郑州都市区为核心，以中原城市群为主体，以米字形高铁网为骨架的"多中心、放射状、网络化"的城市空间格局逐步成熟。

三、边界地区高铁沿线城市的门户区位优势显现

省际经济潜力是全省城市与米字形高铁沿线的邻接省份城市

间的相互作用与联系程度的测度，2008年，各城市省际经济潜力平均为4792，高于平均值的有郑州、商丘、安阳、开封、新乡、漯河、许昌和信阳，除商丘、开封外均为京广沿线城市，可看出京广铁路在承担河南省对外经济联系和交往中的重要地位；其他城市的省际经济潜力还较低，南阳、平顶山、三门峡和周口在省际联系中的地位还较低。2020年，郑州、安阳、信阳、鹤壁、驻马店和新乡等的省际经济潜力在平均值22447以上，随着高铁网的建成，安阳、信阳和商丘等边界地区干线沿线城市的对外门户区位优势开始显露。对各城市省际经济潜力的提升状况进行分析，2008～2020年，各城市省际经济潜力平均提升幅度为17655，郑州、信阳、安阳、驻马店、鹤壁等9个城市的增幅在平均值以上，最低的南阳的增幅也高达10061。米字形高铁网的修建为河南城市的省际联系与往来提供更好的支撑和机遇，尤其对于具有门户作用的省际边界城市安阳、信阳、商丘、焦作和南阳对外联系门户区位优势日益显现，依托米字形运输通道，这些城市将成为中原城市群跨省区经济合作，推进与周边省份邻接地市互动融合发展的战略支点，豫北门户安阳与长治、邯郸、邢台和聊城或将形成中原城市群与晋冀鲁省际交汇区经济带，豫东豫南门户商丘、周口和信阳与阜阳、亳州、淮南和蚌埠等城市形成中原城市群与安徽省际边界地区沿淮经济隆起带。

四、米字形城镇发展轴带正在形成

2008年，各城市省际可达性平均值为15.36小时，低于平均值的9个城市中最优的郑州为13.37小时，开封、商丘、信阳、驻马店、漯河和许昌等省际可达性值在15小时以内；边界和铁路支线沿线城市的省际可达性值还比较高，南阳、周口、平顶山、三门峡和焦作等的可达性值在 16 小时以上。米字形高铁网的建设将密切增强与省际沿线城市间的联系，各城市的省际可达性值降至 13 小时以内，郑州、驻马店、信阳、安阳和许昌等降至 8 小时以内，南阳、开封、三门峡等地的省际便捷性也都提升至 13 小时以内。2008 ~ 2020 年，省际可达性平均改善幅度为 6.58 小时，郑渝、郑徐、郑太和郑合沿线 9 个城市的改善幅度在平均值以上，尤其是周口、鹤壁、安阳、平顶山、驻马店和许昌等的改善幅度在 7 小时以上，主通道沿线城市和非干线沿线城市均获得明显改善，省际可达性呈均衡发展。郑州与石家庄、武汉、济南、徐州、合肥、重庆、西安和太原间的米字形交通联系大通道将随着高速铁路的建设通车而逐步形成，2020 年，郑州与石家庄、武汉、西安等城市已分别开通运营高速列车班次 131 班、127 班和 131 班，高效便捷的高速铁路网将强化高铁沿线城市的联动互动，郑州—商丘和郑州—三门峡沿陇海东西向发展轴，郑州—信阳和郑州—安阳沿京广南北向发展轴，郑州—南阳和郑州—濮阳沿郑万、郑济西南东北向发展轴，郑州—焦作和郑州—周口沿郑太、郑合西北东南向发展轴组成的米字形城镇发展轴带将在未来一段时期得到快速成长。

第三节　高铁对河南城市一日交流圈的影响

一、以郑州都市圈为极核的 1 小时紧密圈即将形成

2008 年，河南城市的省内 1 小时交流圈的范围都比较小，郑

州 1 小时交流圈的范围仅涵盖开封、新乡、许昌和漯河 4 市，漯河以其居中的地理位置与邻接城市间的旅行时间在 1 小时以内。2020 年，各城市 1 小时交流圈的范围有了很大改善，主要是铁路客运提速、米字形高铁投入运营等多重因素的结果，干线沿线城市间的旅行时间大大缩短，郑州、许昌、漯河和新乡等的 1 小时交流圈范围拓展到 5 个城市以上，郑州 1 小时交流圈的范围达到省内 12 个城市，形成了以郑州为中心涵盖开封、新乡、许昌和鹤壁等 5 市的 0.5 小时核心圈，焦作、洛阳、安阳、驻马店、平顶山、商丘、和周口在内的 1 小时紧密圈。高速铁路建设使原本受地理位置制约的安阳、信阳、周口、濮阳、南阳和商丘等边界城市的省内 1 小时交流圈的范围也明显拓宽，郑渝高铁建设使南阳 1 小时交流圈的范围达平顶山；郑徐高铁的修建使开封和郑州均纳入了商丘 1 小时交流圈（见表 7 - 1）。依托米字形高速铁路网叠加城际铁路网建设，对省内城市间人员的日常流动、资源共享的基础保障作用明显，郑州与开封、许昌、新乡、焦作等邻近城市及沿线周边地区的通勤流、旅游流、商品流日益频繁，城市一体化进程或"同城效应"日益加深，郑州都市圈与周边城市融合对接，互促互进的发展格局逐步形成。

表 7 - 1　　　　　　　2020 年河南城市 1 小时交流圈范围

城市	1 小时省内交流圈覆盖范围
郑州	开封、新乡、许昌、鹤壁、漯河、焦作、洛阳、安昂、驻马店、平顶山、商丘、周口
开封	郑州、商丘、许昌、洛阳
洛阳	三门峡、郑州、开放
平顶山	南阳、郑州、漯河
安阳	鹤壁、新乡、郑州

城市	1 小时省内交流圈覆盖范围
鹤壁	安阳、新乡、郑州、许昌
新乡	鹤壁、郑州、安阳、许昌、焦作、漯河
焦作	郑州、新乡
许昌	漯河、郑州、周口、驻马店、新乡、开封、信阳、鹤壁
漯河	许昌、驻马店、郑州、信阳、周口、新乡、平顶山
三门峡	洛阳
南阳	平顶山
商丘	开封、郑州
信阳	驻马店、漯河、许昌
周口	许昌、漯河、郑州
驻马店	漯河、信阳、许昌、郑州

二、以郑州为中心的 2 小时省际合作圈基本形成

2008 年，各城市省际 2 小时交流圈的范围还较小，仅安阳、商丘、新乡和鹤壁的省际 2 小时交流圈的范围在 2 城市以上，其中，安阳省际 2 小时交流圈的范围包括邯郸、邢台和石家庄 3 个城市。在高铁陆续建成运营支撑下各城市的省际 2 小时交流圈的范围大幅度扩展，郑州、信阳、驻马店、商丘、洛阳和鹤壁等的省际 2 小时交流圈的范围涵盖 5 个城市以上，郑州与 9 个省外城市间距离缩短至 2 小时以内，郑太、郑合高速铁路使沿线的焦作、周口等地的省际交流圈范围有所提升，周口与淮南、合肥等地的联系也缩短至 2 小时以内。截止到 2020 年，以郑州为中心，1.5 小时内可达省内所有城市，2 小时可达邯郸、邢台、石家庄、孝感、徐州、武汉、西安、渭南、宿州等地的郑州大都市圈的 2 小时省际合作圈基本形成（见表 7 - 2）。

表 7 – 2　　　　　　　　2020 年河南城市 2 小时省际交流圈范围

城市	2 小时省际交流圈覆盖范围
郑州	邯郸、邢台、石家庄、孝感、徐州、武汉、西安、渭南、宿州
开封	徐州、宿州
洛阳	渭南、西安、邯郸、咸阳、邢台
平顶山	—
安阳	邯郸、邢台、石家庄、保定
鹤壁	邯郸、邢台、石家庄、保定
新乡	邯郸、邢台、石家庄、保定
焦作	—
许昌	孝感、邯郸、武汉、邢台
漯河	孝感、邯郸、邢台、咸宁
三门峡	渭南、西安、咸阳、宝鸡
南阳	—
商丘	徐州、宿州、淮南、枣庄、蚌埠、合肥
信阳	孝感、武汉、咸宁、鄂州、黄石、岳阳
周口	淮南、合肥
驻马店	孝感、武汉、咸宁、鄂州、黄石、邯郸、岳阳、邢台

　　全省城市的省内和省际可达性明显改善，为全省空间结构演进提供基础支撑条件。郑州对全省经济的极化和集聚效应进一步增强，边界城市信阳、南阳和商丘等省内可达性改善幅度较大，交通边缘化状况明显改善。位居省内中间位置的高铁干线沿线城市的区位优势显著提升，高铁网的构建有利于地区发展机会的均等化。位居省际边界地区的城市受省外地市影响强烈，门户区位优势日益明显，省际边界城市将成为河南省跨省区经济合作，推进与周边省份邻接地市融合互动发展的战略支点。米字形对外联系通道逐步形成，以郑州为中心的东、西、南、北、东北西南和西北东南向城镇发展轴快速成长。城市省内和省际一日交流圈的

范围大幅拓宽，多数城市 2 小时交流圈覆盖全省大部分城市，郑州 1.5 小时交流圈达到全省各城市，以郑州为中心 1.5 小时内可达省内所有城市，2 小时可达省外 9 城市的郑州都市圈 2 小时省际合作圈基本形成。

第四节　河南区域空间结构优化

一、河南区域空间战略发展脉络

河南区域空间发展战略体现在历次的国民经济和社会发展规划、中原经济区规划、中原城市群规划和河南省新型城镇化规划等文件中。

（一）国民经济和社会发展规划

《河南省国民经济和社会发展第十一个五年规划纲要》指出，构建以郑州为中心，洛阳为副中心，开封、新乡、焦作、许昌、平顶山、漯河、济源 7 个省辖市为支撑，大中小城市相协调，功能明晰、组合有序的城市体系。加快郑州全国区域性中心城市建设，努力把郑州建成全国重要的现代物流中心、区域性金融中心和先进制造业基地、科技创新基地，发挥其在中原城市群的龙头带动作用。以交通干线为纽带，以城市为载体，整合区域资源，加强分工和协作，通过产业基地、集群和园区建设，培育形成四大产业发展带。重点推进郑汴洛城市工业走廊建设，促进产业向优势区域聚集，逐步建成以现代制造、高新技术、能源、石化等产业密集区为支撑，以沿线城市为结点的产业发展带。促进新乡—郑州—许昌—漯河轻纺、食品和高新技术产业带，新乡—焦作—济源能源、原材料和重化工产业带，洛阳—平顶山—漯河能源、原材料和重化工产业带发展。

《河南省国民经济和社会发展第十二个五年规划纲要》指出，完善城乡开发空间布局，加快构建国家区域性中心城市、地区中心城市、中小城市、中心镇和新型农村社区协调发展、互促共进的五级城乡体系，形成以城带乡、城乡统筹的城镇化新格局。加强郑州全国区域性中心城市功能。坚持集群、组团式发展，构筑城市组团与中心城区的便捷交通联系，推动形成以中心城市为核心、周边小城市和中心镇为依托的城镇集群。深入实施中心城市带动战略，将18个中心城市纳入中原城市群，提升整体竞争力和辐射带动能力，建成沿陇海经济带的核心区域和全国重要的城镇密集区，先进制造业基地、农产品生产加工基地及综合交通运输枢纽。强化郑州的龙头带动作用。加快新区建设和老城区改造，促进组团式发展，带动产业和人口集聚，提高郑州城市首位度，增强对全省经济发展的辐射带动作用，提升沿陇海和沿京广发展轴经济实力。依托陆桥通道，强化郑州、洛阳、开封的重要支撑作用，发展壮大郑汴洛工业走廊，做大做强能源原材料、现代装备制造、高新技术、汽车、石化等支柱产业，强化商丘、三门峡等城市的支撑作用。依托京广通道，增强安阳、鹤壁、新乡、许昌、漯河、平顶山、驻马店、信阳等城市的支撑作用，大力发展装备制造业、高技术产业、钢铁、食品和劳动密集型产业，构建沟通南北的发展轴。

《河南省国民经济和社会发展第十三个五年规划纲要》指出，坚持核心带动、节点提升、轴带发展、对接周边，以郑州都市区为核心、米字形城镇产业发展轴带为支撑，提升中原城市群一体化发展水平和整体竞争力，使之成为与长江中游城市群南北呼应、共同支撑新十年中部地区崛起战略的核心增长区域，新亚欧大陆桥经济走廊最具发展活力的核心地带。构建"一极三圈八轴带"空间格局。"一极"是指郑州都市区，加快郑州都市区建设，提升国内辐射力、国内外资源整合力和国际影响力，打造中原城市群核心增长极。坚持向心发展，依托高速铁路和城际铁路网建设，构建以郑州为中心，涵盖洛阳、开封、平顶山、新乡、焦作、许昌、漯河、济源等 8 个中心城市的半小时核心圈，涵盖安阳、鹤壁、濮阳、商丘、周口、信阳、驻马店、南阳、三门峡等 9 个中心城市的 1 小时紧密圈，涵盖中原经济区其他中心城市的 1 个半小时合作圈。依托综合运输通道支撑，带动人口和产业集聚，壮大提升节点城市，形成辐射八方的米字形城镇产业发展轴带，即八轴带，分别为：郑州—三门峡沿陇海西向发展轴、郑州—商丘沿陇海东向发展轴、郑州—安阳沿京广北向发展轴、郑州—信阳沿京广南向发展轴、郑州—南阳沿郑万西南向发展轴、郑州—濮阳沿郑济东北向发展轴、郑州—焦作沿郑太西北向发展轴、郑州—周口沿郑合东南向发展轴。

（二）中原经济区和中原城市群发展规划

《中原经济区规划（2012—2020 年）》指出，按照核心带动、轴带发展、节点提升、对接周边的原则，明确区域主体功能定位，规范空间开发秩序，加快形成"一核四轴两带"的放射状、网络化发展格局。打造核心发展区域，提升郑州区域中心服务功能，支持郑（州）汴（开封）新区加快发展，深入推进郑（州）汴（开封）一体化，提升郑（州）洛（阳）工业走廊产业和人口集聚水平；推动多层次高效便捷快速通道建设，促进郑州、开封、洛阳、平顶山、新乡、焦作、许昌、漯河、济源 9 市经济社会融合发展，形成高效率、高品质的组合型城市地区和中原经济区发展的核心区域，引领辐射带动整个区域发展。构建米字形发展轴，提升陆桥通道和京广通道功能，加快东北西南向和东南西北向运输通道建设，构筑以郑州为中心的米字形重点开发地带，形成支撑中原经济区与周边经济区相连接的基本骨架。沿陇海发展轴，依托陆桥通道，增强三门峡、运城、洛阳、开封、商丘、淮北、宿州、菏泽等沿线城市支撑作用，形成贯通东中西部地区的先进制造业和城镇密集带。沿京广发展轴，依托京广通道，提升邢台、邯郸、安阳、鹤壁、新乡、许昌、平顶山、漯河、驻马店、信阳等沿线城市综合实力，构建北接京津、沟通南北的产业和城镇密集带。沿济（南）郑（州）渝（重庆）发展轴，依托连接重庆、郑州、济南的运输通道，提升聊城、濮阳、平顶山、南阳等沿线城市发展水平，培育形成连接山东半岛、直通大西南的区域发展轴。沿太（原）郑（州）合（肥）发展轴，依托连接太原、郑州、合肥的运输通道，发展壮大长治、晋城、焦作、济源、周口、阜阳等沿线城市，培育形成面向长三角、联系晋陕蒙地区的区域发展轴。

《中原城市群发展规划》指出，坚持核心带动、轴带发展、节点提升、对接周边，推动大中小城市和小城镇合理分工、功能互补、协同发展，促进城乡统筹发展，构建布局合理、集约高效的城市群一体化发展格局，即"一核四轴四区"网络化空间格局。"一核"指郑州大都市区，支持郑州建设国家中心城市，加快郑州航空港经济综合实验区、郑洛新国家自主创新示范区、河南自由贸易试验区和跨境电子商务综合试验区建设，强化物流及商贸中心、综合交通枢纽和中西部地区现代服务业中心、对外开放门户功能，全面提升国内辐射力、国内外资源整合力。"四轴"为沿陇海发展主轴、沿京广发展主轴、济南—郑州—重庆发展轴和太原—郑州—合肥发展轴。其中，沿陇海发展轴包括郑州、洛阳、开封、三门峡"一带一路"重要节点城市，运城、商丘、淮北、宿州、菏泽等沿线节点城市。沿京广发展主轴包括邢台、邯郸、安阳、鹤壁、新乡、许昌、漯河、驻马店、信阳等城市。济南—郑州—重庆发展轴，依托郑济、郑万高速铁路，加速形成综合运输通道，强化聊城、濮阳、平顶山、南阳等节点城市和沿线中小城市支撑作用，形成对接成渝城市群、沟通山东半岛城市群的城镇发展带。太原—郑州—合肥发展轴，依托郑合、郑太高速铁路、跨区域高速公路和城际快速通道，推动长治、晋城、焦作、济源、周口、阜阳、蚌埠等城市扩容提质，构建连接长江三角洲城市群、山西中部城市群的城镇和产业集聚带。

（三）新型城镇化规划

《河南省新型城镇化规划（2014—2020 年）》指出，实施中心城市带动战略，加快中原城市群建设，提高中心城市辐射带动能力，增强县级城市集聚产业和人口的能力，有重点地发展中心镇，促进大中小城市和小城镇协调发展，构建以中原城市群为主体形态、放射状、网络化城镇空间格局。坚持核心带动、轴带发展、节点提升、对接周边，以郑州为核心城市、以洛阳为副中心城市，推动城际交通一体、产业链接、服务共享、生态共建，提升整体实力和综合竞争力，使中原城市群成为推动国土空间均衡开发、引领区域经济发展的重要增长极。构建米字形城镇发展轴，强化陆桥通道和京广通道功能，加快东北西南向和东南西北向运输通道建设，构筑以郑州为中心、支撑中原城市群的米字形城镇发展轴。依托陆桥通道，增强三门峡、洛阳、开封、商丘等沿线城市支撑能力，形成贯通东西的先进制造业和城镇密集带，壮大沿陇海城镇发展轴。依托京广通道，提升安阳、鹤壁、新乡、许昌、平顶山、漯河、驻马店、信阳等沿线城市综合实力，构建沟通南北的产业和城镇密集带，壮大沿京广城镇发展轴。依托连接重庆、郑州、济南的运输通道，提升濮阳、平顶山、南阳等沿线城市发展水平，培育形成东北西南向城镇发展轴。依托连接太原、郑州、合肥的运输通道，发展壮大焦作、济源、周口等沿线城市，培育形成东南西北向城镇发展轴。

二、河南区域空间发展战略评价

自"十一五"规划以来，包括"十二五"和"十三五"规划以及新型城镇化发展规划和中原城市群规划等，河南省在城镇发展和区域协调发展空间布局方面均强调了以下几个方面：

（1）全省区域空间布局均强调省会城市郑州在中原城市群、全省乃至中原经济区的核心地位和作用。郑州是河南省省会和首位城市，国家重要的综合交通枢纽、商贸物流中心和中原城市群的中心城市，2020年，全市总人口1260.06万人，其中，城镇人口989万人，城镇化率78.4%。2020年，地区生产总值12003.0亿元，占全省总量的21.8%，其中，第一产业增加值156.9亿元，第二产业增加值4759.5亿元，第三产业增加值7086.6亿元，三次产业结构为1.3：39.7：59.0。人均地区生产总值96134元，相当于全省人均水平的173.4%；2018年，郑州被国务院确定为国家中心城市[①]。

（2）全省区域空间布局强调洛阳在全省城镇体系和区域发展格局中的副中心城市的作用。洛阳是河南省第二大城市，2020年，全市总人口705.67万人，城镇化率64.98%；地区生产总值

---

① 资料来源：《2020年郑州市国民经济和社会发展统计公报》。

5128.36 亿元，占全省总量的 9.32%；人均地区生产总值 72872元，相当于全省人均水平的 131.45%[①]。洛阳是全国重要的老工业基地，装备制造、有色金属、石油化工、光伏光电和能源电力五大产业具有雄厚的基础。洛阳也是全国重要的科技研发基地，在工程科学领域独具优势。在河南省十三届人大二次会议上，再次强调推动洛阳中原城市群副中心城市建设，打造带动全省经济发展新的增长极。

（3）强调陇海和京广丁线的城镇产业轴带引领作用。早在2009 年 9 月，国务院常务会议讨论并原则通过的《促进中部地区崛起规划》中就指出，依托综合运输主通道，以资源环境承载能力强、经济社会发展基础好、发展潜力大的地区为开发重点，构建"两横两纵"经济带，即长江经济带、沿陇海经济带、沿京广经济带和沿京九经济带。河南省处于除长江经济带之外的三条经济带的叠加位置，尤其陇海和京广城镇产业发展轴带是河南省融入中部地区崛起战略的重要抓手，是河南省实现自身发展和加强与周边省份地市有效联系的空间纽带。

但是随着全省经济的发展、交通基础设施的快速化建设、中心城市的成长以及对外联动发展趋势的增强，在全省城镇空间发展格局和区域发展空间结构方面还需要着重考虑以下几个方面：

（1）要进一步强调多中心发展。随着区域发展由"单中心"向"多中心"转变的发展趋势，需要进一步强调郑州与开封、新乡、焦作、许昌等毗邻城市融合发展，形成高效率、高品质的城市化地区，构建辐射带动中原城市群发展的核心区域。

（2）要进一步强调门户城市的地位和作用。门户城市是具有相对地理、交通优势，作为其周边城市参与资源交换的枢纽，发

---

① 资料来源：《2020 年洛阳市国民经济和社会发展统计公报》。

挥着对外连接全球或区域城市网络和对内辐射区域腹地的角色。要强化省际交界地区城市包括安阳、濮阳、商丘、周口、南阳、三门峡和信阳等与周边省份的城市连接作用，依托出省通道，拓展对外联系。提升商丘、周口等在淮海经济协作区中的地位；增强南阳在豫鄂陕交界地区、三门峡在黄河金三角地区、信阳在鄂豫皖交界地带的影响力，凸显安阳、濮阳等在晋冀鲁豫毗邻地区的作用，密切区域合作，实现优势互补、相互促进、联动发展。

（3）要进一步强调城市的网络化发展。随着城市化进程的不断推进和城市的快速发展，城市间的网络交互作用在区域空间组织中将越来越发挥重要作用。随着河南省各城市综合实力的不断提升，区域内各级网络设施不断发育，生产要素流通频度越来越高，城市间联系越来越密切，市场区范围越来越模糊，长期以来的"节点＋轴带"的空间开发模式难以适应未来区域协调发展的战略需求，网络化发展模式将成为区域空间战略的主导趋势。

三、河南区域空间结构模式选择

区域空间结构优化是为了适应社会经济的发展趋势，而对区域空间结构的组合模式进行干预、引导和调整的过程。区域空间结构优化是调整生产要素空间配置和组合形式，提高生产要素空间配置效率，优化国土空间开发格局的有效手段和途径。河南区域空间结构要以中心城市为核心遵照"核心—轴线—圈层—网络"的模式进行优化组织。

（一）重构核心

城市作为城市网络的重要节点，是区域空间结构的主体要素，在区域空间结构中发挥着重要的组织作用。尤其是区域的核心节点，发挥着对整体区域的扩散引导和带动作用。郑州是河南省的省会城市，首位中心城市，是河南省最具活力的经济增长点和人口集聚中心，引领全省社会经济发展。以培育多中心为导向，重构全省区域经济的核心增长极，就要将以郑州为中心包括与其紧密联系的中小城市，以及周边的开封、洛阳、许昌和新乡融为一体（见表 7 - 3），作为河南区域空间结构的多中心增长极核，构建基于多中心融合的城市化区域作为带动河南区域空间协调发展的核心增长区。

表 7 - 3　　　　2020 年郑州和周边四市的经济社会基本状况

城市	GDP 总量（亿元）	人均 GDP（元）	人口总量（万人）	城镇化水平（%）
郑州	12003.04	96134	1260.06	78.40
洛阳	5128.36	72872	705.67	64.98
开封	2371.83	49166	482.4	51.83
新乡	3014.51	48229	625.19	57.58
许昌	3449.23	78875	438.0	53.55

资料来源：《河南统计年鉴 2021》。

（二）壮大主轴

交通轴带是区域产业经济带形成的物质基础，也是资源要素向城镇集聚的纽带。依托米字形高速铁路网，京广、陇海铁路，京港澳和连霍高速多重交通干线，以郑州为中心的东西、南北、东北—西南和西北—东南发展主轴贯穿了河南省主要的中心城市，是河南省经济发展水平好、城镇化发展水平较高的地区，集中了河南省的大部分高质量生产要素，要积极引导这些经济密集、发展潜力大和发展活力强的区域成为河南城镇和产业发展的主要密集带。尤其是沿陇海和徐兰高速铁路发展轴带是我国陇海经济带的重要组成部分，也是河南省较具发展活力的城镇产业密集区，沿京广和京港澳高速铁路经济带既是全省城镇较为密集的地区，也是中部地区乃至全国重要的制造业基地，对加强与京津冀和珠三角地区的经济联系具有重要战略支撑作用。

（三）打造圈层

着力打造以郑州为中心，以米字形高速铁路网为骨干，以城际铁路、京广铁路、陇海铁路、京港澳高速、连霍高速、107国道和312国道等多条交通主通道为依托，以各城市为主节点，以全省密集的高速公路网和各级公路网支撑周边各县、县级市、乡镇互联互通和密切联系，形成以郑州为中心的半小时核心经济圈、1小时紧密经济圈和1.5小时协作经济圈。

（四）培育网络

网络开发模式是未来区域空间开发的主导趋势。以米字形高速交通和米字形城镇产业轴带为主导，有效衔接其他各级铁路、公路和通信等线状基础设施组成的复合连接，以郑州、洛阳、开封、新乡和许昌为一级网络节点，以其他各地级市为二级节点，以各县级市和县城为三级节点，明确功能定位，强化产业分工与合作，培育整体竞争优势，形成一个功能互补、分工协作、开放共享的城市网络体系。

四、河南区域空间结构优化建议

（一）着力提升郑州都市圈

要采取有效措施壮大中心极核，壮大人口规模，降低甚至取消人口流动门槛，吸引各种要素流入，加强对内对外经济协作，积极发展高新产业、贸易、旅游等优势产业，提高综合经济实力，增强其对周边地区的带动作用。打造大郑州都市圈，依托郑州中心城区、航空港区等，强化国际开放门户和多式联运物流中心功能，建设国家级"双创"示范基地和区域经济、文化、商贸中心，打造集中体现区域竞争力的大都市区核心区，进一步发挥辐射带动作用。发挥公共交通复合廊道对空间发展的引导作用，推动核心区产业和服务功能向周边县（市）拓展，培育形成特色制造中心和新增人口集聚地，打造发展新空间。依托郑州航空港经济综合实验区，推进城市新区建设和老城区改造同步进行，打造高端产业和现代服务业，发展壮大区域中心城市，使其带动周边县城组团式发展。坚持实施郑州国际商都发展战略，突出"枢纽建设、产业体系、城市环境"三大核心任务，重点强化国际物流、综合商贸、现代服务业、先进制造业、国际化城市等战略支撑，建设一批具有战略突破作用的重大工程，加快向以国际物流中心为基础的国际性工商业中心城市迈进。优化城市功能布局，统筹推进主城区有机更新、航空城综合开发、新城区有序拓展和外围组团建设，构建通勤高效、功能互补、生态隔离的现代都市区空间布局。支持周边城市与郑州都市区融合对接，建设组合型大都市地区，形成中心带动周边、周边支撑中心的互促互进发展局面。

（二）继续壮大城镇发展轴带

依托米字形交通网络，发挥高铁沿线城市的辐射带动能力，打造新型产业集聚，形成具有特色的城镇和产业密集带。沿京广发展主轴，加强与京津冀、长三角城市群的联系；沿陇海发展主轴落实对新亚欧大陆桥的战略支撑作用；沿济南—郑州—重庆发展轴，对接成渝和山东半岛城市群，强化中小城市的支撑作用；沿太原—郑州—合肥发展轴连接山西中部城市群和长三角城市群，促进沿线产业集聚发展。构建一体化交通网络，强化米字形高速铁路网骨干支撑作用，提速发展城际铁路网，打造覆盖所有中心城市的高效密集轨道交通网络；以跨省通道和城市群核心圈加密路段、紧密圈连通路段为重点，推动高速公路网内联外通，提升国省干线公路技术等级，协调布局建设综合交通枢纽和集疏运系统，形成多种运输方式支撑的综合运输通道。强化轴带产业集群支撑，发挥轴带集聚功能，引导沿线城市依托产业基础和比较优势，优化现代服务业、先进制造业、现代农业布局，培育特色优势产业集群，打造集聚度高、竞争力强的现代产业走廊，形成横向错位发展、纵向分工协作的产业链式发展格局。

（三）加强省际交界区域互动开放发展

由行政区经济向经济区经济的转型是市场经济条件下区域经济发展的未来趋势。位居省际交界地区的市、县应通过高铁的开通，创新体制机制，突破地区壁垒，积极加强与省外市、县的合作，强化跨省界经济协作，推进生产要素自由流动，提高资源配置效率，形成互推互助的联动发展局面。第一要强化省际交界地区中心城市功能，全面提升省际交界地区中心城市商贸、文化、卫生、教育、交通等综合服务功能，提升要素集聚能力，壮大城市规模和实力，形成区域性经济中心。第二要以跨省域快速铁路、高等级公路等通道建设为重点，推进与周边城市交通基础设施互联互通，努力打造区域交通枢纽。第三要大力发展现代物流和商贸流通业，建成服务周边区域的物流贸易中心。支持三门峡建设晋陕豫"黄河金三角"中心城市，提升其与山西和陕西邻接地市的互动效应；支持南阳建设豫鄂陕省际区域性中心城市，邓州建设丹江口库区区域中心城市，强化其与襄阳、随州等邻接地区的经济协作；加强商丘、周口等县市与安徽亳州、阜阳等地的经济联系，打造鹿邑亳州经济协作区；豫北地区要加强与邯郸等地的经济交互作用，依托京港澳主通道加强其与雄安新区及京津冀地区的协同作用。

第八章

高速铁路建设的区域一体化效应

第一节　交通基础设施建设与区域一体化

一、区域一体化的内涵

区域一体化的概念是荷兰经济学家廷伯根（Tinbergen）于1954 年在其著作《国际经济一体化》中首次提出的，其后该概念在全球范围内引起了激烈的讨论。廷伯根将国家或者地区之间为了创造出最优的国际经济结构而进行相互协作与统一、共同消除和弱化阻碍其区域之间经济活动有效运作的因素以谋求共同发展称为区域一体化（陈航航等，2018）。世界银行在 2009 年发布的《重塑世界经济地理》报告中，遵循密度、距离和分割等三大新经济地理学的区域发展特征，把区域一体化视作一个增加密度、缩短距离、减少分割的过程。区域一体化与市场分割相对应，为了逐步打破地方保护主义，减少市场整合的制度障碍，实现生产要素自由流动，最终达到地区经济整合状态（李雪松等，2015）。赵鹏（2018）认为区域经济一体化是单独经济整合为较大经济的一种状态或过程，区域经济一体化使各国或各区域在经济方面都能互惠互利，共同发展，让更多的地区经济能均衡发展，防止国家之间或国家内部不同区域之间贫富差距加大，对区域之间经济交流和发展有利。汤放华等（2018）认为区域一体化是区域内各主体在区位选择的基础上运用经济、行政等多种手段，各发展要素不断重组下达到在区域内无障碍流动的状态和过程，最终实现区域间互通互连，形成网络化空间体系的过程，实现区域利益最大化。总之，国内外学界对区域一体化并没有一个一致的界定，从本质上来讲区域一体化是实现经济高质量发展的重要途径，区域一体化能有效减少交易成本、发挥规模经济效应，对实现要素优化配置以及提高区域经济发展质量具有重要意义。

二、高速铁路与区域一体化

交通基础设施对区域一体化的支撑作用不容忽视。刘生龙等（2011）在引力模型基础上引入交通变量，验证了交通基础设施对中国区域经济一体化的影响，发现交通基础设施对中国区域贸易产生积极影响，交通基础设施主要是促进了省际贸易增加，交通基础设施越发达，贸易边界效应越低，交通基础设施的改善对区域经济一体化产生了促进作用。徐阳等（2013）认为一体化的交通运输体系通过提高区域可达性，改善区位条件、加强区域内交流与合作及调整区域各产业间的比例关系等促进区域一体化发展。霍妮（2014）认为交通发展使得区域内要素流动更加便捷，城市的生产生活边界沿交通轴延伸达到城际连通，以及城市空间结构的多中心化网络化发展，从而促进区域一体化发展。覃成林等（2018）认为交通网络建设将显著增强粤港澳大湾区内联系的网络化趋势，增强珠江口东西两岸的联系，并促进粤港澳大湾区形成相对均衡的多极网络联系格局，促进港澳融入粤港澳大湾区发展大局，从而加快粤港澳大湾区一体化发展进程。

高速铁路的发展大范围地促进了生产要素的优化配置，从而为城市与区域产业发展带来深刻而全面的影响。张学良等（2010）指出，高铁对社会经济一体化发展发挥了积极作用，日本新干线开通推动了日本太平洋沿岸城市群的形成，欧洲高速铁路网加速了欧洲经济的一体化，中国高铁的跨越式发展将加快中国区域经济一体化进程，对社会经济发展起到重要的促进作用，"八纵八横"现代高速铁路网的建设和投入运营将使全国的铁路运输体系更加完善，形成全国省域之间、城市之间和城乡之间相互连通的交通一体化格局，有利于加快资源在区域间的合理流动，优化资源的空间有效配置。金凤君等（2016）认为高铁的修建提高了城市通达性，为城市间"同城化"与"一体化"发展创造了条件。石林等（2018）构建了全国地级及以上城市的市场潜力，运用双向固定差分法研究了高铁修建对区域经济一体化的效应，认为高铁开通及高铁车次对区域经济一体化起到了明显的促进作用。另外，黄泰等（2017）立足多目的地—多客源地交互的旅游供需空间系统视角，分析了高铁对区域旅游一体化的影响，认为高铁对长三角区域旅游一体化影响增强，扩大了旅游竞争力、出游力等级差异，带来逆向均衡一体化效应，强化了长三角区域旅游格局的核心—边缘结构，非高铁城市的旅游竞争力和出游力进一步被削弱，核心高铁城市的中心性仍在增强。

随着中国区域一体化进程的加快推进，促进区域一体化的有效途径就是消除各地区间经济发展的贸易壁垒，消除地方保护主义，减小市场分割，加强各省份交通基础设施建设，从而降低不同地区间的贸易成本。交通基础设施建设是促进区域一体化的有效手段，国际和国内区域间贸易量取决于交通成本的降低，便利的交通基础设施能够促进国际、国内区域间贸易均衡发展，进而推进区域经济一体化进程以及城市群、都市圈一体化发展。

第二节　郑州都市圈及交通一体化进程

随着中国城镇化进程的加快发展，以超大城市、特大城市或辐射带动能力强的大城市为中心的都市圈正在加快形成，并逐步成为区域经济和城镇化发展的重要载体。2019年2月，国家发展和改革委员会发布《关于培育发展现代化都市圈的指导意见》明确了都市圈的概念，指出都市圈是城市群内部以超大特大城市或辐射带动功能强大的大城市为中心、以1小时通勤圈为基本范围的城镇化空间形态；同时指出培育和发展现代化都市圈，形成区域竞争新优势，为城市群高质量发展、经济转型升级提供重要支撑。

一、郑州都市圈规划建设状况

早在2012年，郑州市委市政府就发布了《郑州都市区建设三年行动计划》，但此时的郑州都市区范围仅限于郑州市内。2017年1月，国家发展和改革委员会印发的《中原城市群发展规划》中提出，支持郑州建设国家中心城市，推动郑州与开封、新乡、焦作、许昌4市深度融合，建设现代化大都市区，进一步深化与洛阳、平顶山、漯河、济源等城市联动发展。2019年8

月，河南省发展和改革委员会印发《郑州大都市区空间规划（2018—2035年）》指出，郑州大都市区以郑州为核心，包括郑州市域、开封、新乡、焦作、许昌4市中心城区和巩义市、武陟县、原阳县、新乡县、尉氏县、长葛市、平原城乡一体化示范区，未来随着郑州辐射带动能力的增强和郑州大都市区一体化水平的提高，会逐步将开封、焦作、许昌等所辖县（市）及汝州市、兰考县等省直管县（市）纳入郑州大都市区的范围。至此，郑州大都市区的范围明确为郑州、开封、新乡、焦作和许昌5个城市。2021年4月，河南省发展和改革委员会印发《郑州都市圈交通一体化发展规划（2020—2035年）》指出，郑州都市圈是以郑州市为核心，包括郑州市域和开封、新乡、焦作、许昌4市中心城区以及巩义市、尉氏县、新乡县、原阳县、武陟县、长葛市、平原城乡一体化示范区，总面积1.59万平方千米，占全省面积的9.65%，2020年，郑州都市圈常住人口达1792.2万人，占全省总人口的15.55%，地区生产总值总量达17567.1亿元，占全省地区生产总值总量的31.94%，是中原城市群中经济实力最强、发展速度最快的区域。

二、郑州都市圈交通一体化建设现状

郑州都市圈位于京港澳、陆桥高速铁路主通道，京广和陇海普速铁路，京港澳高速和连霍高速3条国家综合运输通道的交汇处，具有良好的交通基础和辐射全国的独特区位优势。尤其是随着河南省高速铁路网的建设，郑州作为全国重要的交通枢纽和河南省交通中心的地位持续提升，郑州都市圈的交通优势进一步显现。京广、徐兰、郑合、郑太、郑渝（郑州至襄阳段）高铁建成投用，郑济正在快速建设过程中，叠加京港澳、连霍高速等8条高速公路，G107、G310 等 9 条普通国道纵横交汇，郑州都市圈依托高速铁路、普速铁路、高速公路和国省干线形成了以郑州为中心、高效衔接周边地区的米字形综合运输通道，对外交通更加通畅。《郑州大都市区空间规划（2018—2035 年）》提出，推动高铁与城际铁路、市域铁路与城市轨道交通无缝换乘，实现区域功能中心与门户枢纽，外围组团、相邻城市中心区间的"三个15 分钟"高效衔接。2021 年，河南省发展和改革委员会发布《郑州都市区圈交通一体化发展规划（2020—2035 年）》指出，加快构建多层次多模式的轨道交通体系，融合米字形高速铁路网，城市地铁网和市域（郊）铁路网，加快构建以郑州为中心，辐射航空港区等近郊城镇和新兴增长中心的"半小时通勤圈"；统筹推进干线铁路、城际铁路、市域（郊）铁路、城市轨道交通规划建设，推动轨道交通"四网融合"。截至目前，郑开、郑焦、郑机 3 条城际铁路开通运营，机场至郑州南站城际铁路、郑许市域铁路加快建设，郑登洛、新焦等城际铁路前期工作启动。郑州铁路枢纽总图规划获批，郑州东站、许昌东站、新乡东站等现代化综合客运枢纽建成投用，郑州南站加快建设，小李庄站前期工程积极推进，综合交通枢纽功能持续增强。

三、郑州都市圈城际轨道交通便捷性

都市圈的发展离不开区域交通基础设施的互联互通与交通体系的内外交流和联系。在一个完整的高铁行程中，包括出发地到高铁始发站点、高铁站点等待候车、高铁列车运行/高铁站点换乘、高铁终点站到目的地四个环节构成。在中观尺度区域范围内或省内城市之间，旅客从出发点到高铁站点、高铁站点等待候车以及高铁终点站到目的地三个部分所消耗的时间占旅行总时间的

比重相对较大，由此会造成高铁旅行效用的减小。所以，在都市圈层面上对城市轨道交通便捷性的评价，不能仅仅通过高铁站点间的旅行时间来考察，这里从城市高铁站点间平均旅行时间、高铁列车班次和高铁列车间隔时间来对郑州都市圈城市间轨道交通便捷性进行综合考察。2020年，郑州都市圈范围内建成运营的高铁站点有郑州东、开封北、新乡东、焦作、许昌东、巩义南、长葛北，城际站点有宋城路、新郑机场站，由于高铁站点和城际站点暂未实现互联互通，对郑州都市圈站点平均旅行时间的分析暂限于高铁站点（见表8－1）。

表 8－1　　　　　　2020 年郑州都市圈高铁站点间最短旅行时间　　　　单位：小时

高铁站点	郑州东	开封北	新乡东	许昌东	焦作	巩义南	长葛北
郑州东	—	0.33	0.35	0.37	0.90	0.48	0.45
开封北	0.33	—	0.68	0.70	1.23	0.87	0.78
新乡东	0.33	1.02	—	0.78	0.85	0.87	0.78
许昌东	0.33	0.77	0.77	—	1.22	1.70	0.25
焦作	0.85	1.18	0.85	1.22	—	1.33	1.30
巩义南	0.45	0.85	0.88	1.20	1.35	—	0.90
长葛北	0.45	0.78	0.90	0.25	1.35	0.93	—

资料来源：2020 年盛名时刻表，数据更新日期 2020 年 9 月 1 日。

根据郑州都市圈各高铁站间的最短旅行时间得到各高铁站到都市圈内其他高铁站的平均最短旅行时间（见表8－1），郑州东站到都市圈内各高铁站的平均最短旅行时间已缩短到0.5小时以内，其中，郑州东到开封北、新乡东、许昌东的最短旅行时间缩短至0.33小时；新乡东、许昌东、长葛北到各高铁站的平均最短旅行时间在 0.75 小时左右；旅行时间最高的为焦作站，到各高铁站的平均最短旅行时间为 1.15 小时，尤其是焦作到许昌东、巩义南和长葛北的旅行时间还相对较高，主要在于焦作站尚未开通到开封北、新乡东、巩义南和长葛北间的直达高铁班次，其平均旅行时间为经郑州东站中转到达各高铁站的最短旅行时间，这里没有考虑中转待车或滞留时间。

铁路客运班次数量既能反映城市间联系强度的高低，也能在很大程度上反映城市间交通联系的便捷程度。都市圈各城市高铁站点间高铁客运班次表征了都市圈城市间交通联系的便捷度和强度（见表 8-2），郑州东站到都市圈各站点的高铁班次居首位，达 105 班，其次为新乡东站、许昌东站和开封北站等，最低的长葛北站到都市圈各城市的高铁班次仅 4 班。郑州东与都市圈各站点均开通运营了高铁班次，郑州东到新乡东达 37 班，居郑州都市圈所有县市首位，郑州东到开封东、许昌东也都在 20 班以上。而其他站点间尚未能全部实现市市通高铁，尤其是焦作仅与郑州东和许昌东开通了高铁，长葛北仅与郑州东开通了直达班次，都市圈虽然基本实现了高速铁路连接，但在铁路客运组织上尚未实现完全连通。

表 8-2　　　　2020 年郑州都市圈高铁站点间高铁列车班次　　　　单位：班

高铁站点	郑州东	开封北	新乡东	许昌东	焦作	巩义南	长葛北
郑州东	—	20	44	19	2	9	4
开封北	22	—	—	—	—	3	
新乡东	37	2	—	5	—	3	—
许昌东	27	3	4	—	1	1	
焦作	2	—	—	—	—	—	—

高铁站点	郑州东	开封北	新乡东	许昌东	焦作	巩义南	长葛北
巩义南	10	1	2	1	—	—	—
长葛北	7	—	1	—	—	—	—

资料来源：2020年盛名时刻表，数据更新日期2020年9月1日。

列车平均时间间隔体现了旅客乘坐列车或换乘等待时间的长短，各高铁站点之间列车发车平均时间间隔越长，则旅客等待或换乘需要的时间越长。表8-3反映了郑州都市圈开通高铁班列的站点间的平均间隔时间，总体来看，郑州东站到各站点的平均时间间隔最小，其中，郑州东到开封北、新乡东、许昌东等站点的平均时间间隔在1小时以内，开封北、新乡东、许昌东等站点到郑州东的平均时间间隔也在1小时以内，反映了郑州东站在郑州都市圈铁路客运交通枢纽地位和郑州在整个都市圈中与其他城市间联系的统领地位。开封北与巩义南、新乡东与长葛北、许昌东与巩义南、焦作与许昌东等站点间每天仅开通运营班车1班，列车平均间隔时间为24小时。

表8-3　　　　郑州都市圈高铁站点间列车平均间隔时间　　　　单位：小时

高铁站点	郑州东	开封北	新乡东	许昌东	焦作	巩义南	长葛北
郑州东	—	0.66	0.35	0.79	6.87	1.20	3.16
开封北	0.60	—	—	—	—	2.75	—
新乡东	0.42	3.47	—	2.16	—	2.53	—
许昌东	0.37	2.25	1.24	—	24.00	24.00	—
焦作	7.32	—	—	—	—	—	—
巩义南	1.28	24.00	4.02	24.00	—	—	—
长葛北	1.38	—	24.00	—	—	—	—

资料来源：2020年盛名时刻表，数据更新日期2020年9月1日。

第三节　轨道上的都市圈建设及一体化建议

一、郑州都市圈交通一体化面临的问题

郑州都市圈是全省综合交通网络最发达的区域，已经初步形成了区域交通综合网络，但与上海、广州等国内发达区域相比及与建设国家中心城市、培育发展现代化都市圈的要求相对照，在基础设施建设、运输服务体系等方面还存在一些短板。交通运输能力季节性供给不足，交通网络密度有待加强，服务能力有待提升等，与国内东部沿海发达地区仍存在一定的差距。

（一）交通基础设施建设不均衡，区域间差异仍然显著

区域间对公路交通的依赖度偏高，轨道交通建设明显不足。郑州作为郑州都市圈的核心城市其交通建设比较完善，交通条件便利，有高铁、地铁等。而周边的开封、新乡和焦作等城市交通建设还比较滞后，交通条件较为薄弱。开封、新乡、焦作、许昌4市互联程度较低，城际铁路环线尚未形成，郑新、郑焦之间通道相对较少。陇海铁路、京广铁路内部分区段通过能力紧张；而作为公路主干通道的京港澳高速、连霍高速公路等主通道车流量也日趋饱和，多处路段存在通行瓶颈，急需建设分流通道。城市间断头路现象仍然存在，城市间、县市间的交通联系尚未实现高效畅通。

（二）区域交通协同不紧密，交通网络衔接连通不畅

由于个别高铁站点距离中心城区相对较远，高铁列车运行时间的压缩效应被城市内高铁站与出发地/目的地的公共交通时间以及换乘及等待时间消耗所抵消，大大降低了高铁的时间节约效用，高铁的时空压缩效应离不开高铁站与城市公共交通的融合，特别是体现在与城市公共交通的综合接驳。城际铁路的布置和运行方式仍采用长途客运的运营方式，旅客主要以商务出行为主，远未达到日常通勤的交通接驳要求。近几年，郑汴之间商务、公务和通勤客流越来越多，但郑汴快速路的汽车客流接近饱和，工作日上下班时间交通拥堵现象在个别区段已经很明显。城际轨道交通、地铁等轨道交通各成体系，铁路企业与地方条块分割，缺乏协同的内在机制。已建成的轨道交通线网、轨道交通分担率与国内发展较为成熟的城市群还存在较大差距，城际铁路与市内交通衔接和换乘不便，造成城际轨道交通的使用和上座率比较低。

（三）综合协调机制尚不健全，统筹建设缓慢

都市圈跨区域综合运输通道规划建设、运输服务对接、重大问题协调等缺乏长效机制，顶层设计不完善。都市圈综合交通规划缺少统筹协调机制、互动合作机制、市场一体化共享机制、公共服务和社会治理协调机制、生态环境协同保护治理机制等，规划的协同性、包容性仍然不足。各种交通方式之间缺乏有效衔接，难以与区域发展主导方向充分结合，这在一定程度上削弱了中心城市对周边地区的辐射带动能力。城市间对接不够充分，部分建设项目在线路走向、建设时序等方面与社会经济发展诉求不一致。

（四）城市间存在行政壁垒，行政管理条块分割

区域间政策环境不一致、经济发展水平不均衡、各地市发展重点不同和对区际综合交通建设的认识不足等条件和基础的差异，城际快速路、城市轨道交通跨市延伸等项目难以推进，跨河通道共建共享、城际交通公交化等项目的实施还存在很长的路程。城市间由于对财政、税收、就业等经济发展产生的利益诉求差异，使有效的责权利配置机制和可持续的成本收益合理配置与循环增长机制难以形成。各城市分别依据各自的规划和发展重点推进交通基础设施建设，造成城市间道路规划和建设时序衔接上的壁垒。推进郑州都市圈城市间交通有效衔接和协同建设，是推进郑州都市圈交通高质量一体化发展面临的重要挑战之一。

二、郑州都市圈交通一体化发展提升建议

交通一体化可以缩短城市间的时空距离，再造区位发展优势，是区域一体化的重要先导和必要支撑。加快建设枢纽型、功能性、网络化的现代综合交通运输体系是郑州都市圈一体化发展的内在要求，也是郑州都市圈经济高质量发展的必由之路。加快推进交通一体化，以交通一体化促进区域经济一体化发展，推动郑州与开封、新乡、焦作、许昌4市深度融合，建设一体化都市圈，引领中原城市群一体化发展。推进郑州都市圈区域交通一体化高质量发展，应当加强政府调控和引导作用，打破各自为政的瓶颈壁垒，建立常态化的规划、建设与管理协调机制，实现交通协调化、均衡化和高级化发展。

（一）进一步扩大交通建设规模，打造轨道上的都市圈

加快构建多层次轨道交通体系，结合米字形高铁网，融合城市地铁网和市域铁路网，加快构建以郑州为中心辐射周边近郊城镇和新兴增长中心的"半小时通勤圈"。探索郑州市政轨道交通适当向周边地区延伸，尤其是推进郑州市政轨道交通跨黄河向北延伸和跨区域向周边城市建设等，逐步实现与开封、新乡、焦作和许昌等邻近城市间的轨道交通直联。加快推进郑州都市圈城际铁路、市政轨道和公路等交通基础设施有效衔接，健全郑州都市圈轨道交通体系。统筹推进干线铁路、城际铁路、市域铁路和城市轨道交通规划建设和一体化有效衔接，推进多线多点换乘，推动轨道交通网络、通道和枢纽融合。

（二）进一步提升交通协调能力，促进交通网络互联互通

注重区域交通网络和城市市政交通网络有效衔接，提高城市干道网、轨道交通网、公共交通网等交通体系与区域交通主干网络间的通行效率，以及机场、高铁等对外交通枢纽与城市轨道交通、公共交通的衔接效率，提高郑州都市圈交通通行的整体效率和服务质量。强化不同等级公路间的互联互通和高效衔接，加快高速公路、干线公路和城际快速客运通道、城际快速货运通道和城际公路市政化等基础设施建设建设，全面构建郑州与开封、新乡、焦作、许昌之间以"两干三城"为支撑的快速交通网络。加强郑新跨河通道建设，推进郑州与新乡平原城乡一体化示范区之间的龙凤大桥建设。

（三）健全交通服务体系，提高交通服务供给水平

加强不同轨道交通间的组织衔接、设施互联，优化进出站、

换乘等环节的组织模式和运作流程，提高旅客中转换乘集散效率。推进城际铁路公交化运营，以郑开城际先行先试，建设与公交化运营相配套的进出站设施，实施公交化票务系统，推行不限定车次乘车，枢纽站独立进出站通道等措施，不断提升城际铁路购票、安检、进出站的效率。推动交通服务产业化，推动停车系统、交通违法以及保险理赔等服务市场化，完善交通服务供给体系。加快互联网、大数据、人工智能等技术与交通行业融合，推动行业信息共享和行业资源优化配置。统一开放交通运输市场，实现区域交通运输市场监管信息互联互通。加快构建一体化智慧交通信息平台，包括建立跨区域信息管理平台、出行服务信息平台等。

（四）完善交通体制机制，统筹推进规划建设

由河南省牵头开展郑州都市圈重大交通工程、综合运输通道专题研究，主导郑州都市圈交通规划建设。成立郑州都市圈交通一体化建设领导小组，相关城市定期会商沟通，共同协商解决郑州都市圈交通一体化推进中跨区域重大规划编制、重大项目建设、重大政策调整和体制机制创新等问题，共同研究和编制综合交通发展规划和若干重点领域专项规划，形成都市圈综合交通"一张图"，推进"规划同图，建设同步"。明确近期建设行动计划和年度工作重点，明确阶段性目标和各地市责任分工，协同推进规划落地实施。加强与各城市国土空间规划的衔接，强化重大交通基础设施预留预控，保障建设用地。

（五）加强城市统筹协调，强化资源要素整合

郑州、新乡、开封、许昌和焦作等城市政府是郑州都市圈交通一体化建设的主体，各城市要强化建设主体责任意识，加强区

域交通规划建设与城市发展、生态保护和国土空间等相关规划衔接，发挥地方积极性。加强跨区域交通建设对接协商，保障建设项目的资金保障和土地供应。充分利用省、市两级投融资平台，创新合作模式，尝试轨道交通以公共交通为导向的开发（TOD）建设模式，吸引社会资本参与交通建设。整合资源成立郑州都市圈交通发展公司，承担跨区域交通基础设施建设、交通运输服务和交通运输产业发展。建立完善与事权和财政支出相匹配的城际铁路、市域铁路、市政轨道等建设资金和运营补贴分担机制。

| 第九章 |

结论与展望

第一节　主要结论

促进高速铁路网建设对区域最直接的影响是带来时空压缩效应，进而促进交通成本的降低、交通基础设施网络的构建和铁路客运组织的不断完善，形成产业集聚效应、网络关联效应、空间结构效应和区域一体化效应。在河南省米字形高铁网建设和四网融合发展的背景下，以河南为研究区域，通过对河南城市的省内、省际可达性测度，省内、省际铁路客运联系网络的量化研究以及河南区域空间结构演变的分析，得到以下几方面的结论：

（1）高速铁路网建设的时空压缩效应主要表现为区域或城市间交通可达性的改善。但由于各城市所处的地理位置、铁路线路等级及高铁建设和开通时序不同、铁路客运组织及运营状况等方面差异，各城市的时间可达性及其变化在各地区之间存在明显的差异。河南省铁路可达性呈现出以郑州为中心的空间格局，由中心向外可达性水平依次降低，这与河南省铁路干线走向和河南省高速铁路的建设时序高度耦合。局部空间上，北部地区可达性水平高于南部地区且南北方向沿线城市的可达性优于东西方向沿线城市，说明京广普速铁路和京港澳主通道对区域联系的带动作用明显高于陇海铁路和陆桥通道。可达性水平较优的城市主要集中分布在地理位置居中的核心地区，而边界城市的可达性水平普遍偏低，这种自中心向外围可达性水平依次降低的核心—边缘状态也反映了区域可达性水平与核心城市的空间距离存在密切的相关性。可达性改善所带来的区位叠加效应、对区域交通可达性空间格局产生极化效应，同时也在一定程度上产生扩散效应，米字形高铁网的建设有利于区域交通可达性水平均衡发展。

（2）高速铁路的时空压缩效应有利于区域或城市间交通成本和交易成本的降低，有助于市场范围扩大、人口流动、劳动力共享、区域资源整合和技术空间溢出，继而有利于产业集聚发展。高速铁路对产业集聚的影响表现为区域、城市和高铁站区等多个层面。以郑州东站高铁站区为研究范围，探讨高速铁路和高铁站的开通运营对站区服务业发展及集聚的影响发现，近十年来郑州东站服务业企业的规模数量和密度都呈快速增加的态势，2500米范围内服务业网点密度在空间上表现出由中心向外围逐渐增大的趋势。在服务业行业类型上，企业数量最多的是购物服务，其次为餐饮服务、商务服务等。高铁站区500米范围内服务业企业核密度明显低于外围区域。高铁站区500～1500米范围内的影响圈层核密度值明显提升，表现出一定程度的产业集聚。高铁站区1500～2500米范围内的外围圈在核密度大幅度提升的同时与外围圈以外地区集中连片形成高密度商业集聚。

（3）随着高速铁路网络的建设和城市间铁路客运班次的增加，城市间相互联系总量和联系强度都在不同程度的提升，高速铁路的网络关联效应越来越明显。高铁的通车和运营大大提高了河南城市之间的网络密度以及城市在省内城市网络中的中心地位，郑州、漯河、信阳、洛阳、新乡、驻马店和许昌等城市的中心度均较高，郑州在全省城市网络中的统领地位越来越突出。河南城市网络结构中城市间联系强度表现出明显的层级结构特征，郑州与大多数省内城市间的铁路客运班次都增加到了 50 班以上，尤其是与洛阳、商丘的客运班次增加到 100 班以上，反映郑州在城市网络中的枢纽地位，联系方向上表现出明显的铁路干线沿线城市导向性，铁路线路等级越高，沿线城市的对外联系强度越高，城市联系的主导方向越来越明显，以郑州为中心的辐射网络是河南城市铁路客运网络的核心导向。城市的省际铁路客运联系网络密度也呈现不断增强的发展趋势，尤其是高层级城市网络连接边数和网络密度不断增大，城市省际铁路客运联系网络的主导联系越来越明显，表现出明显的高等级城市导向性和干线沿线城市导向性。

（4）城市省内和省际可达性改善会进一步强化省会郑州的"虹吸效应"，人口、经济、资金等生产要素进一步向心集聚，常住人口加快增长，建成区面积快速拓展，房地产价格稳步快速增长，成为河南乃至中部地区经济的增长中心。沿陇海东西向发展轴、沿京广南北向发展轴、沿郑渝、郑济西南东北向发展轴、沿郑太、郑合西北东南向发展轴组成的米字形城镇发展轴带将在未来一段时期得到快速成长。包括郑州、新乡、开封、许昌等在内的郑州都市圈中心城市的省内区位优势明显增强，中心城市辐射带动作用的增强将催生沿线地区次级城市人口和产业的集聚、投资和发展机会的均等，以郑州都市圈为核心，以中原城市群为主体，以米字形高铁为骨架的"多中心、放射状、网络化"的城市空间格局逐步成熟。具有门户作用的省际交界地区中心城市商丘、安阳、三门峡、南阳和信阳的对外联系门户区位优势日益显现，依托米字形快速通道的建设，这些城市将成为河南跨省经济合作，推进与周边省份邻接城市互动融合发展的战略支点。

（5）高速铁路网的修建为区域一体化和城市同城化创造了有利条件。郑州都市圈依托高速铁路、普速铁路、高速公路和国省干线形成了以郑州为中心、高效衔接周边地区的米字形综合运输通道，郑州作为全国重要的交通枢纽和河南省交通中心、枢纽地位持续提升，郑州都市圈的交通优势进一步显现。但郑州都市圈综合交通建设还存在交通基础设施建设不均衡，区域间差异显著，区域交通协同不紧密，交通网络衔接连通不畅，综合协调机制不健全，统筹建设缓慢等问题。以四网融合发展为导向，打造轨道上的郑州都市圈，应该统筹推进干线铁路、城际铁路、市域铁路和城市轨道交通规划建设和一体化衔接，推进多线多点换乘，推动轨道交通网络、通道和枢纽融合。进一步提升城市间交通协调能力，促进交通网络互联互通。加强城市间统筹协调，强化资源要素整合，统筹推进区域综合交通共建共享。

第二节　不足与展望

在河南省米字形高铁网建设和干线铁路、市域铁路、城际铁路、市政轨道四网融合发展导向下，对高速铁路建设的多维空间效应进行综合分析，并针对河南省高速铁路网建设、郑州都市圈发展过程中河南区域空间结构特征的分析和郑州都市圈综合交通发展中存在的问题与不足的剖析，提出了河南区域空间结构优化的模式以及郑州都市圈交通一体化建设的建议，但仍还有以下问题需要进一步讨论：

（1）进一步认识省际交界地区尤其是西部和东南部省际交界地区低水平可达性和薄弱的经济联系制约了河南省区域经济的协调、均衡发展，高铁的建设在提升区域间往来便捷性和加强区域间经济联系的同时，也在进一步地加深边界地区的边缘化状态，同时也应该看到，边界地区在沟通省内与省外、跨区域协作方面的地缘优势和门户区位优势。完善的交通基础设施是沟通与外界联系的前提，因此应该通过高速铁路网的建设把边界地区中心城市、市县纳入全省高铁网络之中，分享高铁建设的红利。包括建设郑万、郑合、郑太和郑济高速铁路，构建以郑州为中心的西北—东南向和西南—东北向发展轴，以此推动边界地区城市区位优势的提升。与此同时，依托铁路干线和高速铁路，推进郑州都市圈与周围地区的深度融合发展，增强其辐射带动力和资源整合力，强化核心区域综合实力的提升，打造多中心复合型城市区域，使其成为带动河南省经济稳步协调发展的多极增长中心。

（2）积极应对网络化发展趋势下城市间发展的差距。有学者指出，中国城市网络的发展将倾向于放大而不是缩小城市之间的经济差距，这意味着那些经济规模较小、基础设施薄弱、政治地位较低的城市将进一步被边缘化。放任自由的市场经济往往只能使得少数城市受益而不能惠及整个城市体系，为了使得市场利益最大程度为公众享用，必须通过收入分配、公共服务、基础设施、环境标准、劳动力流动等城市化政策的重新设计，在实现经济效率的同时确保社会公平。城市网络的发展使城市之间的联系远远突破了传统场所空间中以地理邻近性界定的腹地范围，未来要支持首位城市在更大范围内配置资源，推进处于孤立状态的城市尽快融入网络，通过获取更多网络资源提升经济发展水平。并且要进一步完善基础设施网络，降低城市间的交易成本，实现各级城市间良好的分工协作和良性互动。

参 考 文 献

[1] 曹小曙，李涛，杨文越，等．基于陆路交通的丝绸之路经济带可达性与城市空间联系 [J]．地理科学进展，2015，34 (6)：657–664.

[2] 陈建军，郑广建．集聚视角下高速铁路与城市发展 [J]．江淮论坛，2014 (2)：37–44.

[3] 陈建军，郑广建，刘月．高速铁路对长江三角洲空间联系格局演化的影响 [J]．经济地理，2014，34 (8)：54–60.

[4] 陈伟，刘卫东，柯文前，等．基于公路客运流的中国城市网络结构及空间组织模式 [J]．地理学报，2017，72 (2)：224–241.

[5] 戴学珍，徐敏，李杰．京沪高铁对沿线城市效率和空间公平的影响 [J]．经济地理，2016，36 (3)：2–77.

[6] 邓楚雄，宋雄伟，谢炳庚，等．基于百度贴吧数据的长江中游城市群城市网络联系分析 [J]．地理研究，2018，37 (6)：1181–1192.

[7] 邓涛涛，王丹丹，程少勇．高速铁路对城市服务业集聚的影响 [J]．财经研究，2017，43 (7)：119–132.

[8] 丁嵩，李红．国外高速铁路空间经济效应研究进展及启示 [J]．人文地理，2014，29 (1)：9–14.

[9] 范剑勇．市场一体化、地区专业化与产业集聚趋势——兼

谈对地区差距的影响［J］. 中国社会科学，2004（6）：39－51.

［10］方创琳. 中国城市群研究取得的重要进展与未来发展方向［J］. 地理学报，2014，69（8）：1130－1144.

［11］方大春，孙明月. 高铁时代区域空间结构重构研究［J］. 当代经济管理，2014，36（2）：63－66.

［12］方大春，孙明月. 高铁时代下长三角城市群空间结构重构［J］. 经济地理，2015，35（10）：50－56.

［13］冯长春，丰学兵，刘思君. 高速铁路对中国省际可达性的影响［J］. 地理科学进展，2013，32（8）：1187－1194.

［14］高安刚，朱芳阳. 高速铁路对西南地区可达性及经济联系的影响研究［J］. 铁道运输与经济，2014，36（5）：1－5.

［15］顾九春，孙峰华，柳新华，等. 渤海海峡跨海通道对区域交通可达性的影响［J］. 经济地理，2016，36（3）：65－71.

［16］关伟，罗智霞. 高速铁路建设对辽宁省城市可达性及经济联系的影响［J］. 辽宁师范大学学报（自然科学版），2016，39（3）：418－424.

［17］关兴良，魏后凯，鲁莎莎，等. 中国城镇化进程中的空间集聚、机理及其科学问题［J］. 地理研究，2016，35（2）：227－241.

［18］郭建科，王绍博，李博，等. 哈大高铁对东北城市旅游经济联系的空间影响［J］. 地理科学，2016，36（4）：521－529.

［19］郭学堂. "高铁外交"的地缘政治学解读［J］. 社会科学，2016（6）：17－23.

［20］郝宁. 高速铁路对京津冀地区发展影响研究［D］. 北京：中国地质大学硕士学位论文，2014.

［21］何宁，顾保南. 城市轨道交通对土地利用的作用［J］. 城市轨道交通，1998（4）：3－36.

［22］何丹，杨犇．高速铁路对沿线地区可达性的影响研究——以皖北地区为例［J］．长江流域资源与环境，2013，22（10）：1264－1275.

［23］贺剑锋．关于中国高速铁路可达性的研究：以长三角为例［J］．国际城市规划，2011，26（6）：55－62.

［24］胡天军，申金升．京沪高速铁路对沿线经济发展的影响分析［J］．经济地理，1999，19（5）：101－104.

［25］黄泰，查爱苹，应南茜，等．高铁对都市圈城市旅游服务力格局演变的影响［J］．经济地理，2014，34（11）：158－165.

［26］黄泰，席建超，葛全胜．高铁对长三角区域旅游一体化影响计量研究［J］．长江流域资源与环境，2017，26（9）：1311－1322.

［27］黄宇，葛岳静，马腾，等．中国高铁外交的地缘空间格局［J］．地理科学进展，2017，36（12）：1489－1499.

［28］霍妮．城际轨道交通对城市群一体化发展的影响研究［D］．广州：暨南大学硕士学位论文，2013.

［29］姜博，初楠臣，王媛，等．高速铁路对城市与区域空间影响的研究评述与展望［J］．人文地理，2016，31（1）：16－25.

［30］姜博，初楠臣，王媛，等．高速铁路影响下的城市可达性测度及其空间格局模拟分析——以哈大高铁为例［J］．经济地理，2014，34（11）：58－62.

［31］蒋海兵，徐建刚，祁毅．京沪高铁对区域中心城市陆路可达性影响［J］．地理学报，2010，65（10）：1287－1298.

［32］蒋海兵，张文忠，祁毅，等．高速铁路与出行成本影响下的全国陆路可达性分析［J］．地理研究，2015，34（6）：1015－1028.

［33］蒋海兵，张文忠，祁毅，等．区域交通基础设施可达性

研究进展 [J]. 地理科学进展, 2013, 32 (5): 807 - 817.

[34] 焦华富, 杨成凤, 叶雷, 等. 宁安高铁对沿线城市交通可达性的影响 [J]. 江苏师范大学学报 (自然科学版), 2016, 34 (3): 60 - 64.

[35] 焦敬娟, 王娇娥, 金凤君, 等. 高速铁路对城市网络结构的影响研究 [J]. 地理学报, 2016, 71 (2): 265 - 280.

[36] 接栋正. 高铁时代的都市圈建设 [J]. 管理学刊, 2016, 29 (1): 48 - 54.

[37] 金凤君, 焦敬娟, 齐元静. 东亚高速铁路网络的发展演化与地理效应评价 [J]. 地理学报, 2016, 71 (4): 576 - 590.

[38] 来逢波, 刘春梅, 荣朝和. 高速铁路对区域经济发展的影响效应及实证检验 [J]. 东岳论丛, 2016, 37 (6): 120 - 127.

[39] 冷炳荣, 杨永春, 李英杰, 等. 中国城市经济网络结构空间特征及其复杂性分析 [J]. 地理学报, 2011, 66 (2): 199 - 211.

[40] 李凌岚, 张国华, 曹云丽. 轨道交通站点周边用地规划调整的技术方法——以苏州市为例 [J]. 城市交通, 2007 (1): 30 - 36.

[41] 李平华, 陆玉麒. 可达性研究的回顾与展望 [J]. 地理科学进展, 2005, 24 (3): 69 - 78.

[42] 李胜全, 张强华. 高速铁路时代大型铁路枢纽的发展模式探讨 [J]. 规划师, 2011, 27 (7): 26 - 30.

[43] 李小建. 经济地理学 [M]. 北京: 高等教育出版社, 1999.

[44] 李雪松, 孙博文. 密度、距离、分割与市场一体化——来自长江经济带的实证 [J]. 宏观经济研究, 2015 (6): 117 - 128.

[45] 李亚婷, 潘少奇, 苗长虹. 中原经济区县际经济联系网

络结构及其演化特征［J］. 地理研究，2014，33（7）：1239－1250.

［46］梁雪松. 基于双重区位空间的湖南旅游业发展机遇探讨："武广高铁"开通视阈［J］. 经济地理，2010，30（5）：859－864.

［47］林辰辉. 我国高铁枢纽站区开发的影响因素研究［J］. 国际城市规划，2011，26（6）：72－77.

［48］林琳，卢道典. 广州重大交通设施建设与空间结构演化研究［J］. 地理科学，2011，31（9）：1050－1055.

［49］刘金玲，曾学贵. 基于定量分析城市轨道交通与土地利用一体规划研究［J］. 铁道学报，2004（3）：13－17.

［50］刘强，杨东. 高铁网络对西北城市旅游经济联系的空间影响［J］. 地域研究与开发，2019，38（1）：95－99.

［51］刘生龙，胡鞍钢. 交通基础设施与中国区域经济一体化［J］. 经济研究，2011（3）：72－82.

［52］刘望保，石恩名. 基于ICT的中国城市间人口日常流动空间格局：以百度迁徙为例［J］. 地理学报，2016，71（10）：1667－1679.

［53］柳泽，杨宏宇，姚涵. 境外高速铁路对区域和城市空间发展的影响研究进展［J］. 城市发展研究，2015，22（4）：14－20.

［54］卢燕，余斌，韩勇. 基于客流结构的高铁经济辐射效应研究——以武汉市为例［J］. 长江流域资源与环境，2016，25（1）：39－47.

［55］卢毅等. 基于情景分析的城市空间与产业战略布局选择——以宜宾市为例［J］. 经济地理，2013（3）：93－98..

［56］陆大道. 区位论及区域研究方法［M］. 北京：科学出版社，1988.

［57］陆大道.区域发展及其空间结构［M］.北京：科学出版社，1995.

［58］陆大道.中国工业布局的理论与实践［M］.北京：科学出版社，1990.

［59］陆军，宋吉涛，梁宇生，等.基于二维时空地图的中国高铁经济区格局模拟［J］.地理学报，2013，68（2）：147-158.

［60］陆玉麒.区域发展中的空间结构研究［M］.南京：南京师范大学出版社，1998.

［61］陆玉麒.双核型空间结构模式的探讨［J］.地域研究与开发，1998，17（4）：45-49.

［62］罗鹏飞，徐逸伦，张楠楠.高速铁路对区域可达性的影响研究——以沪宁地区为例［J］.经济地理，2004，24（3）：407-411.

［63］马学广，李鲁奇.中国城市网络化空间联系结构：基于银行网点数据的研究［J］.地理科学进展，2017，36（4）：393-403.

［64］马颖忆，陆玉麒，柯文前，等.泛亚高铁建设对中国西南边疆地区与中南半岛空间联系的影响［J］.地理研究，2015，34（5）：825-837.

［65］孟德友，陈文峰，陆玉麒.高速铁路建设对我国省际可达性空间格局的影响［J］.地域研究与开发，2011，30（4）：6-10.

［66］孟德友.高速交通与区域空间结构演变［M］.北京：社会科学文献出版社，2016.

［67］孟德友，李小建.中国省会城市高铁费用可达性及居民消费格局［J］.地理科学进展，2018，37（8）：1055-1065.

［68］孟德友，陆玉麒.高速铁路对河南沿线城市可达性及经济联系的影响［J］.地理科学，2011，31（5）：537-543.

［69］穆成林，陆林，黄剑锋，等.高铁网络下的长三角旅游

交通格局及联系研究 [J].经济地理，2015，35（12）：193-202.

[70] 牛玉，汪德根.城市交通与高铁站接驳系统特征及模式：以苏州和上海为例 [J].旅游学刊，2016，31（3）：106-113.

[71] 庞效民.区域一体化的理论概念及其发展 [J].地理科学进展，1997（2）：41-49.

[72] 盛龙，陆根尧.中国生产性服务业集聚及其影响因素研究——基于行业和地区层面的分析 [J].南开经济研究，2013（5）：115-129.

[73] 石林，傅鹏，李柳勇.高铁促进区域经济一体化效应研究 [J].上海经济研究，2018（1）：53-62.

[74] 宋琼，赵新正，李同昇，等.多重城市网络空间结构及影响因素——基于有向多值关系视角 [J].地理科学进展，2018，37（9）：1257-1267.

[75] 宋伟，李秀伟，修春亮.基于航空客流的中国城市层级结构分析 [J].地理研究，2008，27（4）：917-926.

[76] 宋文杰，朱青，朱月梅，等.高铁对不同规模城市发展的影响 [J].经济地理，2015，35（10）：57-63.

[77] 孙婷.高速铁路对城市发展的影响 [J]，现代城市研究，2008（7）：82-87.

[78] 索超，张浩.高铁站点周边商务空间的影响因素与发展建议：基于沪宁沿线 POI 数据的实证 [J].城市规划，2015，39（7）：43-49.

[79] 覃成林，柴庆元.交通网络建设与粤港澳大湾区一体化发展 [J].中国软科学，2018，9（7）：71-79.

[80] 覃成林，贾善铭，杨霞，等.多极网络空间发展格局：引领中国区域经济2020 [M].北京：社会科学出版社，2016.

[81] 覃成林，刘万琪.高速铁路发展与铁路沿线城市经济增

长趋同 [J]. 岭南学刊，2014（6）：98 – 103.

[82] 覃成林，杨晴晴. 高速铁路对生产性服务业空间格局变迁的影响 [J]. 经济地理，2017，37（2）：90 – 97.

[83] 汤放华，吴平，周亮. 长株潭城市群一体化程度测度与评价 [J]. 经济地理，2018，38（2）：59 – 65.

[84] 陶卓霖，杨晓梦，梁进社. 高速铁路对长三角地区陆路可达性的影响 [J]. 经济地理，2016，36（8）：40 – 46.

[85] 汪德根. 旅游地国内客源市场空间结构的高铁效应 [J]. 地理科学，2013，33（7）：797 – 805.

[86] 汪德根，章鋆. 高速铁路对长三角地区都市圈可达性影响 [J]. 经济地理，2015，35（2）：54 – 61.

[87] 王波，甄峰，席广亮，等. 基于微博用户关系的网络信息地理研究：以新浪微博为例 [J]. 地理研究，2013，23（2）：380 – 391.

[88] 王成，王茂军，柴箐. 城市网络地位与网络权力的关系——以中国汽车零部件交易链接网络为例 [J]. 地理学报，2015，70（12）：1953 – 1972.

[89] 王春，张京祥，郑德高，等. 高铁与城乡规划应对 [J]. 城市规划，2015，39（12）：101 – 106.

[90] 王聪，曹有挥，陈国伟. 基于生产性服务业的长江三角洲城市网络 [J]. 地理研究，2014，33（2）：323 – 335.

[91] 王兰. 高速铁路对城市空间影响的研究框架及实证 [J]. 规划师，2011，27（7）：13 – 19.

[92] 王缉宪. 高速铁路影响城市与区域发展的机理 [J]. 国际城市规划，2011，26（6）：1 – 5.

[93] 王姣娥，丁金学. 高速铁路对中国城市空间结构的影响研究 [J]. 国际城市规划，2011，26（6）：49 – 54.

［94］王姣娥，焦敬娟，金凤君. 高速铁路对中国城市空间相互作用强度的影响［J］. 地理学报，2014，69（12）：1833－1846.

［95］王姣娥，景悦. 中国城市网络等级结构特征及组织模式：基于铁路和航空流的比较［J］. 地理学报，2017，72（8）：1508－1519.

［96］王丽，曹有挥，仇方道. 高铁开通前后站区产业空间格局变动及驱动机制——以沪宁城际南京站为例［J］. 地理科学，2017，37（1）：19－27.

［97］王丽，曹有挥，刘可文，等. 高铁站区产业空间分布及集聚特征——以沪宁城际高铁南京站为例［J］. 地理科学，2012，32（3）：301－307.

［98］王丽，曹有挥，姚世谋. 高速铁路对城市空间影响研究述评［J］. 长江流域资源与环境，2012，21（9）：1073－1079.

［99］王欣，邹统钎. 高速铁路网对我国区域旅游产业发展与布局的影响［J］. 经济地理，2010，30（7）：1189－1194.

［100］王垚，年猛. 高速铁路与城市规模扩张——基于中国的实证研究［J］. 财经科学，2014（10）：113－122.

［101］王子龙，谭清美，许箫迪. 产业集聚水平测度的实证研究［J］. 中国软科学，2006（3）：109－116.

［102］魏后凯. 区域开发理论研究［J］. 地域研究与开发，1988，8（1）：16－19.

［103］魏文刚. 高速铁路对沿线区域社会效应分析——以郑西高铁为例［D］. 重庆：西南交通大学硕士学位论文，2014.

［104］魏冶，修春亮，刘志敏，等. 春运人口流动透视的转型期中国城市网络结构［J］. 地理科学，2016，36（11）：1654－1660.

［105］苏文俊，施海涛. 京沪高铁对鲁西南沿线主要城市的影

响［J］. 复旦学报（自然科学版），2009，48（1）：111-116.

［106］吴康，方创琳，赵渺希，等. 京津城际高速铁路影响下的跨城流动空间特征［J］. 地理学报，2013，68（2）：159-174.

［107］吴康，方创琳，赵渺希. 中国城市网络的空间组织及其复杂性结构特征［J］. 地理研究，2015，34（4）：711-728.

［108］吴旗韬，张虹鸥，孙威，等. 基于矢量—栅格集成法的厦深高铁影响空间分布［J］. 地理科学进展，2015，34（6）：707-715.

［109］武前波，宁越敏. 中国城市间网络分析：基于电子信息企业生产网络视角. 地理研究，2012，31（2）：207-219.

［110］肖雁飞，张琼，曹休宁，等. 武广高铁对湖南生产性服务业发展的影响［J］. 经济地理，2013，33（10）：103-107.

［111］徐长乐，郇亚丽. 高铁时代到来的区域影响和意义［J］. 长江流域资源与环境，2011，20（6）：650-654.

［112］徐阳，郗恩崇，苏兵. 一体化交通运输体系与区域经济发展的关系［J］. 理论与改革，2013（2）：97-99.

［113］徐银凤，汪德根. 中国城市空间结构的高铁效应研究进展与展望［J］. 地理科学进展，2018，37（9）：1216-1230.

［114］徐玉萍. 高速铁路建设促进区域经济发展问题研究［J］. 江西社会科学，2011，31（12）：62-65.

［115］杨金华. 高速铁路对湖南城市群可达性的影响［J］. 人文地理，2014，29（2）：108-112.

［116］杨维凤. 京沪高速铁路对我国区域空间结构的影响分析［J］. 北京社会科学，2010（6）：38-43.

［117］杨秀云，赵勐，安磊. 高铁开通对中国城市房价的影响研究［J］. 西安交通大学学报（社会科学版），2019，39（2）：20-32.

［118］姚如青．沪杭高铁对于沪杭关系和杭州发展的影响研究 ［J］．现代城市研究，2010（6）：16－24．

［119］叶大年，赫伟，徐文东，等．中国城市的对称分布 ［J］．中国科学（D辑：地球科学），2001（7）：608－616．

［120］殷铭，汤晋，段进．站点地区开发与城市空间的协同发展 ［J］．国际城市规划，2013，28（3）：70－77．

［121］于秋阳，杨斯涵．高速铁路对节点城市旅游业发展的影响——以西安市为例 ［J］．人文地理，2014，29（5）：142－148．

［122］于涛，陈昭，朱鹏宇．高铁驱动中国城市郊区化的特征与机制研究 ［J］．地理科学，2012，32（9）：1041－1046．

［123］张博野，闫晨红，曾菊新．"三铁"建设中的武汉城市圈空间效应 ［J］．经济地理，2014，34（10）：46－52．

［124］张汉斌．高速铁路缩小区域差距的传导机制分析 ［J］．综合运输，2011（3）：49－50．

［125］张楠楠，徐逸伦．高速铁路对沿线区域发展的影响研究 ［J］．地域研究与开发，2005，24（3）：32－36．

［126］张书明．高速铁路对沿线区域经济的影响分析与评估研究 ［D］．天津：天津大学博士学位论文，2011．

［127］张文新，丁楠，吕国玮，等．高速铁路对长三角地区消费空间的影响 ［J］．经济地理，2012，32（6）：1－6．

［128］赵国庆．高速铁路在消除地区差别实现区域协调发展中的十大作用 ［J］．理论学习与探索，2010（6）：14－17．

［129］赵鹏．交通基础设施对区域一体化影响研究 ［J］．经济问题探索，2018（3）：75－82．

［130］赵庆国．高速铁路缩小我国区域差异的作用机理分析 ［J］．当代财经，2013（4）：106－112．

［131］中华人民共和国国家发展和改革委员会．中华人民共和

国国民经济和社会发展第十二个五年规划纲要 [R/OL]. (2011 - 09 - 19) [2022 - 02 - 07]. https：//www. ndrc. gov. cn/fggz/fzzlgh/gjfzgh/201109/P020191029595702423333. pdf.

[132] 中华人民共和国国家发展和改革委员会. 中华人民共和国国民经济和社会发展第十三个五年规划纲要 [R/OL]. (2016 - 05 - 16) [2022 - 02 - 07]. https：//www. ndrc. gov. cn/xxgk/zcfb/ghwb/201603/P020190905497807636210. pdf.

[133] 钟少颖, 郭叶波. 中国高速铁路建设对城市通达性影响分析 [J]. 地域研究与开发, 2013, 32 (2)：46 - 51.

[134] 钟业喜, 冯兴华, 文玉钊. 长江经济带经济网络结构演变及其驱动机制研究 [J]. 地理科学, 2016, 36 (1)：10 - 19.

[135] 钟业喜, 傅钰, 朱治粥, 等. 基于母子企业联系的上市公司网络结构研究——以长江中游城市群为例 [J]. 长江流域资源与环境, 2018, 27 (8)：1725 - 1734.

[136] 钟业喜, 黄洁, 文玉钊. 高铁对中国城市可达性格局的影响分析 [J]. 地理科学, 2015, 35 (4)：387 - 395.

[137] 朱英明. 产业集聚研究述评 [J]. 经济评论, 2003 (3)：117 - 121.

[138] AMANO K, NAKAGAWA D. Study on urbanization impacts by new stations of high speed railway [C]. Daejeon City：Conference of Korean Transportation Association, 1990.

[139] ANDERSSON D E, SHYR O F, FU J. Does high-speed rail accessibility influence residential property prices? Hedonic estimates from Southern Taiwan [J]. Journal of Transport Geography, 2010, 18 (1)：166 - 174.

[140] BANISTER D, BERECHMAN Y. Transport investment and the promotion of economic growth [J]. Journal of Transport Geography,

2001, 9 (3): 209 – 218.

[141] BERTOLINI L. Spatial development patterns and public transport: the application of an analytical model in the Netherlands [J]. Planning Practice&Research, 1999, 14 (2): 199 – 210.

[142] BLUM U, HAYNES K E, KARLSSON C. The regional and urban effects of high-speed trains [J]. The Annals of Regional Science, 1997, 31 (1): 1 – 20.

[143] BROTCHIE J. Fast rail networks and socioeconomic impacts [C]//Cities of the 21st Century: New technologies and spatial systems. New York: Longman Cheshire, 1991.

[144] CAO J, LIU X C, WANG Y H, et al. Accessibility impacts of China's high-speed rail network [J]. Journal of Transport Geography, 2013, 28: 12 – 21.

[145] CERVERO R, LANDIS J. Twenty years of the bay area rapid transit system: Land use and development impacts [J]. Transportation Research Part A Policy & Practice, 1997, 31 (4): 309 – 333.

[146] CHEN C L, HALL P. The impact of high-speed trains on British economic geography, a study of the UK's InterCity125/225 and its effects [J]. Journal of Transport Geography, 2011, 19 (4): 689 – 704.

[147] CHEN C L. Reshaping Chinese space-economy through high-speed trains: opportunities and challenges [J]. Journal of Transport Geography, 2012, 22 (5): 312 – 316.

[148] CHENG Y, LOO B P Y, VICKERMAN R. High-speed rail networks, economic integration and regional specialization in China and Europe [J]. Travel Behaviour and Society, 2015, 2 (1): 1 – 14.

[149] COTO – MILLÁN P, INGLADA V, REY B. Effects of net-

work economics in high-speed rail: the Spanish case [J]. Annals of Regional Science, 2007, 41 (4): 911 – 925.

[150] GARMENDIA M, URENA J M D, RIBALAYGUA C, et al. Urban residential development in isolated small cities that are partially integrated in metropolitan areas by high speed train [J]. European Urban & Regional Studies, 2008, 15 (3): 249 – 264.

[151] GUTIÉRREZ J, GONZÁLEZ R, GóMEZ G. The European high-speed train network: predicted effects on accessibility patterns [J]. Journal of Transport Geography, 1996, 4 (4): 227 – 238.

[152] GUTIÉRREZ J. Location, economic potential and daily accessibility: an analysis of the accessibility impact of the high-speed line Madrid – Barcelona – French border [J]. Journal of Transport Geography, 2001, 9 (4): 229 – 242.

[153] HANSEN W G. How accessibility shapes land-use [J]. Journal of the American Institute of Planners, 1959, 25: 73 – 76.

[154] HESS D P. Impact of proximity to light rapid transit on station-area property values in Buffalo, NewYork [J]. Urban Studies, 2007, 44 (5): 1041 – 1068.

[155] HIROTA R. Present situation and effects of the Shinkansen [J]. Transport Policy and Decision Making, 1985, 3 (3): 255 – 257.

[156] HUGGINS R, PROKOP D. Network structure and regional innovation: A study of university-industry ties [J]. Urban Studies, 2017, 54 (4): 931 – 952.

[157] IMMERGLUCK D. Large redevelopment initiatives, Housing values and gentrification: The case of the Atlanta Beltline [J]. Urban Studies, 2009, 46 (8): 1723 – 1745.

[158] JACOBS W, KOSTER H, HALL P. The location and global

network structure of maritime advanced producer services ［J］. Urban Studies, 2011, 48 （13）: 2749 – 2769.

［159］ JIAO J, WANG J, JIN F, et al. Impacts on accessibility of China's present and future HSR network ［J］. Journal of Transport Geography, 2014, 40 （10）: 123 – 132.

［160］ KIM K S. High-speed rail developments and spatial restructuring: A case study of the capital region in South Korea ［J］. Cities, 2000, 17 （4）: 251 – 262.

［161］ MALECKI E J. Hard and soft networks for urban competitiveness ［J］. Urban Studies, 2002, 39 （5 – 6）: 929 – 945.

［162］ MARSHALL A. Principles of Economics ［M］. Londo: The Macmillan Press, 1961.

［163］ MARTIN J C, GUTIÉRREZ J, ROMAN C. Data envelopment analysis （DEA） index to measure the accessibility impacts of new infrastructure investment: The case of the high-speed train corridor Madrid – Barcelona – French Border ［J］. Regional Studies, 2004, 38 （6）: 697 – 712.

［164］ MASSON S, PETIOT R. Can the high speed rail reinforce tourism attractiveness? The case of the high speed rail between Perpignan （France） and Barcelona （Spain） ［J］. Technovation, 2009, 29 （9）: 611 – 617.

［165］ MURAYAMA Y. The impact of railways on accessibility in the Japanese urban system ［J］. Journal of Transport Geography, 1994, 2 （2）: 87 – 100.

［166］ NAKAMURA H, UEDA T. The impact of the Shinkansen on regional development ［C］//Proceeding of the 5th World Conference on Transport Research. Yokohama, Ventura: Western Periodicals, 1989.

［167］POL P M J. A renaissance of stations, railways and cities, Economic effects, development strategies and organizational issues of European high-speed trains stations ［D］. Delft: DUP Science, 2002.

［168］PUGA D. European regional policies in light of recent location theories ［J］. Journal of economic geography, 2002, 2 （4）: 373 – 406.

［169］RYAN S. Property Values and transportation facilities: finding the transportation-land use connection ［J］. Journal of Planning literature Incorporating the Cpl Bibiographies, 1999, 13 （4）: 412 – 427.

［170］SANDS B D. The development effects of high-speed rail stations and implications for California ［R］. The University of California Transportation Center, University of California at Berkeley. Working Papers, 1993.

［171］SASAKI K, OHASHI T, ANDO A. High-speed rail transit impact on regional systems: does the Shinkansen contribute to dispersion? ［J］. The Annals of Regional Science, 1997, 31 （1）: 77 – 98.

［172］STEVEN E, POLZIN P E. Transportation/land-use relationship: public transit's impact on land use ［J］. Journal of Urban Planning and Development, 1999, 12 （4）: 135 – 151.

［173］TAYLOR P J, CATALANO G, WALKER D R F. Measurement of the world city network ［J］. Urban Studies, 2002, 39 （13）: 2367 – 2376.

［174］TAYLOR P J, PETER. Leading world cities: empirical evaluations of urban nodes in multiple networks ［J］. Urban Studies, 2014, 42 （9）: 1593 – 1608.

［175］TAYLOR P J. Specification of the world city network ［J］. Geographical Analysis, 2010, 33 （2）: 181 – 194.

［176］TAYLOR P J. World city network: A global urban analysis

[M]. New York: Routledge, 2004.

[177] URENA J M, MENERAULT P, GARMENDIA M. The high-speed rail challenge for big intermediate cities: A national, regional and local perspective [J]. Cities, 2009, 26 (5): 266 – 279.

[178] VICKERMAN R. High-speed rail in Europe: experience and issues for future development [J]. Annals of Regional Science, 1997, 31 (1): 21 – 28.

[179] WANG X, HUANG S S, ZOU T Q, et al. Effects of the high speed rail network on China's regional tourism development [J]. Tourism Management Perspective, 2012, 9 (1): 34 – 38.